◎本书是全国教育科学青年基金课题“大学毕业论文有效性研究”(EIA090406)成果
◎本书受到阜阳师范学院学术著作出版基金资助

大学毕业论文有效性研究

时 伟 ◉ 著

合肥工業大學出版社

图书在版编目(CIP)数据

大学毕业论文有效性研究/时伟著.—合肥:合肥工业大学出版社,2011.2
ISBN 978-7-5650-0367-7

Ⅰ.①大…　Ⅱ.①时…　Ⅲ.①高等学校—毕业论文—写作—研究
Ⅳ.①G642.477

中国版本图书馆 CIP 数据核字(2011)第 020520 号

大学毕业论文有效性研究

时　伟　著　　　　责任编辑　朱移山　郭娟娟　霍俊橦

出　版	合肥工业大学出版社	版　次	2011 年 2 月第 1 版
地　址	合肥市屯溪路 193 号	印　次	2011 年 2 月第 1 次印刷
邮　编	230009	开　本	710 毫米×1000 毫米　1/16
电　话	总编室:0551—2903038	印　张	10.75
	发行部:0551—2903198	字　数	198 千字
网　址	www.hfutpress.com.cn	印　刷	合肥现代印务有限公司
E-mail	press@hfutpress.com.cn	发　行	全国新华书店

ISBN 978-7-5650-0367-7　　　　定价:28.00 元

摘　要

毕业论文是大学本科专业课程体系的重要组成部分，是人才培养方案中的实践课程类型。当前，在就业压力以及传统教学方式的影响下，大学本科毕业论文教学存在着弱化现象，甚至出现取消毕业论文的呼声。这就同本科教育的目标以及当前强化毕业论文政策相矛盾，迫切需要对本科毕业论文存在的合理性进行研究，提出解决这一矛盾的合理性建议，提供提升毕业论文质量的有效措施，不断提高毕业论文质量。

本文基于现状分析、价值定位、措施建议以及问题讨论的逻辑线索，分四个部分进行研究。

第一部分是引言，包括研究背景、研究综述、研究目的、研究假设、研究内容与研究方法六个方面。重点分析了提出该问题的研究背景，就当前本科毕业论文有关争论、大学生面临的就业压力、社会发展对创新精神与实践能力人才的需求、高校实践中对毕业论文的淡化以及大学教学学术的论证等方面进行描述，同时对有关毕业论文的研究现状进行梳理，指出已有研究中存在的价值错位与制度缺失等问题。

第二部分是毕业论文价值定位。包括毕业论文意义、特征、类型以及功能四个方面，揭示了毕业论文在大学培养目标、人才素质结构、学生专业发展以及人的持续发展几方面的意义，分析了毕业论文存在的科学性、创新性、理论性、实践性与规范性一般特点，以及基础性、指导性和训练性等特殊性，划分了毕业论文的不同类型，描述了毕业论文的基本作用及其对决策、实践、学术与社会的功能。

第三部分是本文的核心内容，包括毕业论文现状调查、选题、撰写、答辩以及质量保障五个方面，其中，现状调查是第一层次，通过对地方高校的问卷调查与访谈，详细了解地方本科院校毕业论文在不同环节上存在的突出问题，为提出有效的改进措施奠定基础。第二层次涉及选题、撰写与答辩三个方面，分别对选题的问题意识、主题探寻、论题确定以及案例分析进行探讨，对写作的内涵与特征、规范、过程、伦理与指导等方面展开研究，对答辩的学理层面、实践策略以及答辩评审等方面进行分析。第三个层次是质量保障，从管理制度、研究条件、指导教师与评价系统四个方面为提高毕业论文质量保障提供建议。

第四部分是进一步讨论的内容。就本课题研究的可靠性、学术价值、研究中存在的局限性以及进一步要研究的内容作补充说明。特别是在研究的局限性上,提出了影响毕业论文课程设置与质量的非理性因素,以及地方高校因其特殊的办学定位与资源条件,致使毕业论文质量在各个环节上强调一般性的同时,难以兼顾其特殊性。

Abstract

The graduation thesis, the practice course in talents cultivation, is a very important part of the undergraduate curriculum system. At present, under the influence of the employment pressure and the traditional teaching mode, the phenomenon of turning "weak" and even the appeal of abolishing the graduation thesis emerge in the graduation thesis teaching. This contradicts the goal of undergraduate education and the policy of strengthening graduation thesis currently. To keep the quality of graduation thesis improved, it is urgently needed to study the rationality of reserving the graduation thesis, make reasonable proposals and provide effective strategies to improve the quality of the graduation thesis. According to the logic clue of the current situation analysis, value proposition, measure suggestion and question-discussion, this paper falls into four parts.

The first part makes introductions to study background, reviews, purpose, hypothesis, content and methods. It focuses on the analysis of the background and describes the dispute over the present graduation thesis, the employment pressure confronted by university students, the need of personnel with the innovation capacity and practice ability with the development of society, the lightening of the graduation thesis in the university practice and the demonstration of the scholarship of teaching in university. It analyses the current situation of the graduation thesis and points out the problems of the existed study such as the value misplacement and the absence of the system.

The second part is about the value proposition of the graduation thesis. It includes the importance, characteristics, forms and functions of the graduation thesis; reveals its significance in the goal of the undergraduate education, talents' quality structure, student professional development and sustainable development; analyses its general features and distinguishing features. The graduation thesis not only is scientific, innovative, academic, practical and normative, but also fundamental, directive and instructive. It differentiates its types and describes its basic functions and the effects on the decision, practice, scholarship and society.

The third part is the core of the paper. It includes five parts: the present situation investigation, title selection, writing, thesis defense and quality assurance. The fist step is investigating the present situation. By adopting the methods of questionnaires and interviews, the paper finds the evident problems of the graduation thesis at different stages in local universities and the then lay the groundwork for putting forward the effective improvement measures. The second step involves three aspects: title selection, writing, thesis defense. It discusses the question consciousness of the title selection, theme exploration, topic establishment, case analysis respectively; studies the connotation and characteristic, norm, process, ethics and instruction etc. of writing and analyses the thesis defense from the perspectives of the academic level, practice strategies and thesis defense evaluating. The third step is about the quality assurance. Based on the four aspects: management institution, research condition, supervisor and evaluation system, the paper offers the suggestions to assure the quality of the graduation thesis.

Finally, the fourth part makes the supplemental explanation to the reliability, academic value, limitation and problems that can be further studied of this study. Especially, on the limitation, the paper points out the non-rational factors that effect the curriculum design and quality of the graduation thesis; and that due to the special position and resources of the local universities, it is difficult to give consideration to the distinguishing features when focus on the general features of the graduation thesis.

目　录

第一章　引　言

毕业论文[①]是大学本科教育课程体系的重要组成部分，受到社会需求、就业压力以及教育教学现实的影响，大学本科毕业论文面临着应然性与现实性的反差与矛盾。其应然性决定了本科毕业论文的价值与意义，而其现实性决定了问题研究的必要性，本部分通过已有研究的综述分析，探讨课题的取向与问题，进而提出研究目的、研究假设、研究内容与研究方法。

一、研究背景

（一）有关争论

毕业论文是大学教学的一个主要环节，教育部本科教育水平评估中明确把毕业论文作为核心评估指标。根据教育部水平评估指标体系，在 7 个一级指标与 19 个二级指标中，毕业论文置于教学效果一级指标中的一个独立的二级指标，对毕业论文选题的性质、难度、分量与综合训练、论文质量等进行评价。同时在 19 个二级指标中，毕业论文作为重要指标进行着力评价。也就是说，毕业论文在本科教学质量中占据重要地位，把毕业论文作为教学效果的重要一环，是反映本科教学质量的核心要素。不过，毕业论文评价导向同毕业论文实施现状反差较大，人们对于毕业论文存废存在一些不同的声音，甚至一些大学教授明确提出取消毕业论文。正如社野论坛中的一篇文章“毕业论文，鸡肋?”，就展示了人们对于毕业论文的不同观点。[②]

反对 1. “上善若水”认为：“我在高校工作，知道学生的毕业论文是怎么一回事，绝大多数其实是浪费纸张。临毕业的半年时间里，都在忙于找工作，如果找到了还好，可以安心做毕业论文了，但大多数找不到工作，但还得找啊，在这

---

① 本文毕业论文（设计）在课程体系构建中通常以并行的概念出现，为了体现出毕业论文与毕业设计的探讨的共性，除特别说明外，文中行文时毕业论文（设计）统一用毕业论文的概念.

② 毕业论文，鸡肋？［J］. 社野观察论坛，2007（8）：34-35.

个时间里，不可能安心地去做毕业论文。再说了，哪个用人单位看你的毕业论文啊，只有愚蠢的教学管理部门为了达到上级的要求，才关心这些呢。我们现在的大学扩招的人太多了，每个老师要带多个学生的毕业论文，哪有那么多题目可以做啊，简直是异想天开。还是取消了好，不如按照学生的就业方向，老师给予相应的指导，这样有助于学生在就业方面尽快适应，减轻学生的就业压力，也有助于就职企事业单位的工作，何乐而不为呢?”

反对2. 一个叫琪琪的人认为：“我就是一名大四即将毕业的大学生。我的成绩一般，学校嘛更是一般。怎么说呢，像我们这种排名后面的本科学校，去找工作的时候都要接受公司的白眼，因为你不是名牌人家就看不起你。你们那些写反对取消毕业论文的人，你们可是写大学毕业论文的人，你们可是大学毕业生？你们知道现在普通本科生多难找到工作吗？你们肯定想象不到的。你说找工作重要，还是写那个东西重要？还有，一个本科生根本不具备写论文的能力，以上两点原因导致了现在本科的现实情况。”

赞成1. 张杰认为：“写毕业论文能让学生学到更多的东西，包括如何去进行研究和学习。本科生没有太多的实际经验，光靠书本学习起不了作用。很多用人单位更关心本科生在毕业论文的过程中学到了什么，而不是老师教给了他们什么。不是所有论文都要求高质量的，重在这个过程。老师们建议取消是不负责任的表现，你们只管学生交出好论文来，你们有亲自去指导学生怎么查资料吗？再不要这么不负责地建议了，什么不如取消，不如你别当老师好了，占着学校那么多好资源，不好好培育学生，只会怪学生做得不好。扪心自问，你尽责了吗？我个人认为找工作与写论文不矛盾，而是相互促进的。本科生又不是要闷头做学问，实践与理论联系在一起才能真正达到学以致用。”

赞成2. 有人认为，“做毕业论文实际上是对于学生解决问题能力的一个锻炼，培养学生如何研究问题、解决问题，是一种科研训练。我发现在招聘毕业生的时候，他们受到的科研训练太少了。我是个老大学毕业生，大学毕业论文写作让我受益终身。无论毕业以后从事什么工作，基本的论文写作能力是必不可少的。当然，这需要自己扎扎实实地研究与写作，老师认认真真地指导。离开了学校不会有人教这些了，要珍惜呀!”

变通声音：“不能取消，但可以变更，我们不可以叫它为毕业论文，应该在入学初就把它设置成一门四年完成的自主进程，按学习进程和内容，完成一部著作类文体，既摒弃了照搬抄袭，又把所学专业作为贯穿学业的一个重要内容。”

从上述人们针对大学本科毕业论文的声音中能够发现，目前毕业论文在学生中间或者曾经有过大学本科经历的人群中产生了较大争论，有支持，有反对，也有区别对待的。这就需要进一步研究毕业论文的本真意义与功能，解决如何实施改革、提高本科毕业论文的质量等一系列问题，不断澄清人们的不良观念，还原毕业论文的价值。

（二）就业压力

我国本科高校人才培养方案把毕业论文教学环节通常安排在大四下学期，即学生毕业最为繁忙的时期，这就同学生就业实践及求职在时间上产生一定的矛盾。特别是在当前就业压力不断加剧的背景下，这一矛盾更为突出。1998 年我国高校招生人数为 108 万人，随着 1999 年全国大规模高校扩招，2006 年高校招生数变成 504 万人，2007 年达到 560 万人，2008 年达到 629 万人，并在历史上首次突破 600 万大关。1999 年成为我国大学扩招的分界点，全国高校扩招了 48%，其中，全国普通高校招生规模从 1998 年的 108 万人扩大到 159 万人。随之而来的是高校扩招后大量毕业生涌入劳动力市场，毕业生增加量由 2001 年 8 万人，到 2002 年猛增至 30 万，增长率由 7.4% 上升至 26.1%（如下表）。根据国家教育事业发展“十一五”规划纲要，到 2010 年普通本专科将达到 2000 万人，将再扩招 438 万人。大学扩招给社会培养了大批高级专门人才，同时也带来了一系列问题，其中最突出的矛盾就是就业问题。面对巨大的就业压力，近年来各级政府主管部门加大了高校就业率考评力度，推出高校领导一把手工程，把学校的就业率作为衡量学校办学质量的重要指标。为此，高校除了在教育部水平评估工作的推动下，加大改革力度，积极调整专业设置，更新教学内容与教学手段外，通过设置“招生就业处”专门机构，加强结构调整，调控专业招生类型与招生规模。但在内外压力的影响下，许多高校采取了所谓的“弹性就业”或“灵活就业”政策，出现了高校就业率“注水”现象。

表 1-1 2001 年以来历年普通高校毕业生情况

年份	2001	2002	2003	2004	2005	2006	2007	2008	2009
毕业人数（万）	115	145	212	280	340	413	495	559	611
同比上年增长（万）	8	30	67	62	60	73	82	64	52
%	7.4	26.1	46.2	29.2	21.4	21.5	19.8	12.9	9.3

资料来源：大学扩招 http://baike.baidu.com/view/919193.htm2009 年 9 月 18 日

截至2009年7月1日，我国高校大学毕业生就业率已经达到68%。在金融危机冲击、全球就业率低迷的情况下，人们对这一数字产生了质疑。自称应届大学毕业生的人披露："我是一名应届毕业生，在离校时，我们每个人都要向学校交一份单位盖章的就业证明，才能拿到毕业证，我没有找到工作，老师逼着我签，我找亲戚的公司签了，先交差"（2009年7月10《法制晚报》）。早在2003年8月7日和8月8日，《每日商报》和《中国青年报》就分别报道，浙江、江西个别高校为了提高就业率，不惜采取弄虚作假手段，逼迫应届毕业生自己寻找挂靠单位或者制造假就业劳动合同。2003年8月25日《浙江工人日报》报道，江西一所高校，当年毕业前夕，学校一定要学生在毕业前把劳动合同交到学校，否则就拿不到毕业证。为此不少学生无奈之下找关系、托熟人、走后门，盖上虚假的公章。2006年11月23日《工人日报》披露：为了提高就业率，不少院校要求毕业生必须提供就业协议书和就业接收函，否则不发放毕业证书。这些分散报道可能缺乏系统的客观分析，不过有专家以调查数据为基础对当前大学生就业问题进行批驳。2009年4月8日《瞭望》新闻周刊发表专家王伯庆的专文，对当前大学就业问题提出预警，并提出强化大学校长的责任，实行问责制。① 王伯庆先生在美国留学时，主要通过计量经济模型做有关教育和就业的数据库。2006年他受聘于国内一所大学，不久就发现一个问题：国内对大学的考核，比如就业率，都是由各大学自己上报，由于利益的关系，各大学数据有虚假现象，存在着从辅导员到学院书记的一个链条。根据大学毕业生（高等教育消费者）有关就业能力、就业流向、就业薪资等调查数据，2007年大学生就业率应为55.8%，而教育部公布的是72%。现在看来，随着庞大的大学生加入就业队伍，大学就业问题更为突出，并已上升为社会问题。教育行政主管部门已经认识到大学扩招给毕业生带来的一系列问题。2008年10月9日教育部在发布会上首次表示，1999年决定全国高校大规模扩招太急促，今后高校扩招步伐将放缓，采用适度从紧的政策，未来几年扩招人数不超过3%。② 如何解决就业与毕业论文在时间上的矛盾，成为大学生毕业论文研究不可缺少的主要环节。

（三）社会需求

面对科学技术突飞猛进，知识经济已见端倪，国力竞争日趋激烈的发展环境，党和国家领导人已充分认识到了教育在综合国力形成中所处的基础地位，国力的强弱越来越取决于劳动者的素质，取决于各类人才的数量和质量，因而，更

① 周大平．专家称应针对毕业生就业向高校管理者问责［N］．盼望，2009-04-08.

② 郝娜．高招60年盘点：大学毕业生从2.1万到600万［N］．北京考试报，2009-08-26.

加迫切要求培养和造就二十一世纪的一代新型人才。针对我国处在建立社会主义市场经济体制和实现现代化建设战略目标的关键时期，中共中央国务院出台了《中共中央国务院关于深化教育改革全面推进素质教育的决定》（1999），明确提出了推进教育改革，大力实施素质教育，提高学生的创新精神与创新能力。要求高等教育要进一步加大改革力度，重视培养大学生的创新能力、实践能力和创业精神，普遍提高大学生的人文素养和科学素质。

为贯彻落实中共中央国务院有关文件精神，教育部作了周密部署，始终把提高教育质量放在重要的位置，采取了一系列有效措施，先后出台了系列文件，把培养学生的创新精神与实践能力作为工作的着力点。2001 年印发的《关于加强高等学校本科教学工作提高教学质量的若干意见》，即 2001 年“4 号文件”，就加强教学工作提出了 12 条针对性很强的要求。其中，第 11 条明确提出要进一步加强实践教学，注重学生创新精神和实践能力的培养。

实践教学对于提高学生的综合素质、培养学生的创新精神与实践能力具有特殊作用。高等学校要重视本科教学的实验环节，保证实验课的开出率达到本科教学合格评估标准，并开出一批新的综合性、设计性实验。文科学生要按专业要求参加必要的社会实践。要根据科技进步的要求，注重更新实验教学内容，提倡实验教学与科研课题相结合，创造条件使学生较早地参与科学研究和创新活动。学校的各类实验室、图书馆要对本科生开放，打破“学科壁垒”，加强统筹建设和科学管理，实现资源共享，提高使用效率。要建立和完善校内外实习基地，高度重视毕业实习，提高毕业论文的质量。

2001 年教育部开始在试点的基础上，对不同类型的本科高校开展随机评估、水平评估与优秀评估，其中把学生的创新精神与实践能力作为主要评价指标与评价内容，推动本科高校注重实践教学，加大经费投入，为学生实践能力发展创造条件。2001 年评估之后，教育部适时对本科教学工作评估进行政策调整，把三种类型的评估合并为水平评估。2004 年 12 月召开了第二次全国普通高校本科教学工作会议，印发了《关于进一步加强高等学校本科教学工作的若干意见》，即 2005 年“1 号文件”，强调必须坚持科学发展观，牢固确立质量是高等学校生命线的基本认识，把提高教育质量放在更加突出的位置。进一步明确高等学校本科教学工作的主要任务和要求，着眼于国家现代化建设和人的全面发展需要，加大教学投入，强化教学管理，深化教学改革，坚持传授知识、培养能力、提高素质协调发展，更加注重能力培养，着力提高大学生的学习能力、实践能力和创新能力，全面推进素质教育，特别提出大力加强实践教学和积极推动研究性学习。

第10条规定：大力加强实践教学，切实提高大学生的实践能力。高等学校要强化实践育人的意识，区别不同学科对实践教学的要求，合理制定实践教学方案，完善实践教学体系。要切实加强实验、实习、社会实践、毕业设计（论文）等实践教学环节，保障各环节的时间和效果，不得降低要求。大学生毕业设计（论文）要贴近实际，严格管理，确保质量。要不断改革实践教学内容，改进实践教学方法，通过政策引导，吸引高水平教师从事实践环节教学工作。第11条规定：积极推动研究性教学，提高大学生的创新能力。高等学校的所有实验室和图书资料室都要向学生开放，建立大学生尽早进入实验室研究的基本制度和运行机制。要增加综合性与创新性实验，提供丰富的教学参考资料，积极推进讨论式教学、案例教学等教学方法和合作式学习方式，引导大学生了解多种学术观点并开展讨论、追踪本学科领域最新进展，提高自主学习和独立研究的能力。要让大学生通过参与教师的科学研究项目或自主确定选题开展研究等多种形式，进行初步的探索性研究工作。

在2005年“1号文件”的引导下，教育部研究推动高等学校教学质量与教学改革工程，逐步实现高等教育工作重心的转移，高等院校根据教育质量工程要求，制订相应的实施办法，加大实践教学力度，充实本科毕业论文内涵，增强毕业论文的学术性和创新性，促使高校在规模持续增长的同时，把提高质量放在更加突出的位置，培养德智体美全面发展的高素质专门人才和一大批拔尖创新人才。为进一步贯彻落实党中央、国务院切实把高等教育的重点放在提高质量上的决策部署上，教育部、财政部联合下发了2007年“1号文件”，决定实施“高等学校本科教学质量与教学改革工程”。同时，作为2007年的“2号文件”，教育部下发了《关于进一步深化本科教学改革全面提高教学质量的若干意见》。进一步要求把工作重点放在提高教学质量，培养学生的多种能力，对此明确提出：

按照把重点放在提高质量上的要求，进一步端正学风，调动广大学生的学习积极性和主动性，强化对课堂、实验、社会实践、毕业设计等教学各环节的管理，保证正常教学秩序和教学质量。树立科学的质量观，促进学生德智体美全面发展，努力提高大学生的学习能力、创新能力、实践能力、交流能力和社会适应能力。为此，推进人才培养模式和机制改革，着力培养学生创新精神和创新能力。创造条件，组织学生积极开展社会调查、社会实践活动，参与科学研究，进行创新性实验和实践，提升学生创新精神和创新能力。高度重视实践环节，提高学生实践能力。要大力加强实验、实习、实践和毕业设计（论文）等实践教学环节。列入教学计划的各实践教学环节累计学分（学时），人文社会科学类专业一般不应少于总学分（学时）的15%，理工农医类专业一般不应少于总学分（学时）的25%。推进实验内容和实验模式改革和创新，培养学生的实践动手能力、分析问题和解决问题能力。要采取各种有力措施，确保学生专业实习和毕业实习的时间和质量，推进教育教学与生产劳动和社会实践的紧密结合。

（四）实践淡化

对于高校本科毕业论文的质量与观念从根本上还是导源于高校自身，社会上之所以出现反对本科毕业论文声音，同高校自身的工作缺位密不可分。特别是高等教育大扩招以后，由于高校扩招受到我国社会发展与高等教育自身环境的影响，高校扩招缺乏相应的资源与条件准备，扩招速度启动过快，有的学校几乎是在毫无准备的情况下加入高等教育大扩招队伍，致使学校校师资和硬件设施缺乏，这是我国高等教育大发展过程中不可避免的问题。同时，扩大招生也就意味着毕业生的就业压力加大，当毕业论文时间同学生就业时间存在一定冲突情况下，受毕业生总量及相应职业需求总量的影响，就业困境就转嫁到毕业论文教学方面。在某种程度上，高校又迫于教育行政主管部门的就业考评政策，在教学安排上向学生就业工作倾斜，使就业工作与教学工作相辅相成的互动关系出现裂缝，教学工作成为就业工作的负担，最为明显的表现是在毕业论文的写作与指导上放松要求，不仅写作过程缺乏监控，而且毕业论文的答辩环节不全。一旦失去了监控，学生就会受到各种利益的驱使，借助网络力量，出现毕业论文“注水”现象，甚至部分学生对网络论文改头换面，稍做包装，转换成毕业论文，教师如果不能尽职尽责，一批毕业论文就会蒙混过关，并且产生示范和累加效应。于是，毕业论文质量与总体水平可想而知，部分学者也正因此提出过激言论。

据《中国青年报》报道，华中师范大学教育科学学院涂艳国教授建议取消本科毕业论文。他认为，本科毕业论文并非必不可少。在美国，不仅本科生不写毕业论文，连硕士研究生都不用写毕业论文。高等教育日益大众化，取消本科毕业论文可能是大势所趋。绝大多数高校的师资力量、图书资料和实验设备不能适应本科毕业论文的要求。从现实来看，本科毕业论文质量不高，而且弄虚作假和形式主义倾向严重。在这种情况下，与其让“掺水”论文泛滥，不如取消本科毕业论文。早在2001年，在复旦大学团委进行的一项调查中，就有相当一部分本科生认为毕业论文应该取消。①

实际上，就业问题本质上与毕业论文写作并不冲突，提高论文质量在某种程

① 周凯．专家建议取消本科毕业论文［N］．中国青年报，2004-04-05.

度上有助于促进就业。当前，很多企事业单位在考评新进人才时，把实践能力与创新能力作为岗位招聘的重要条件。另外，大学生的部分时间被各种活动分隔，学生在校期间的科研活动不多，缺乏系统而深入的学术训练，这就使毕业论文的价值更为重要，通过毕业论文使学生根据学术兴趣，自主选题，对四年所学的专业知识进行有效整合，提高从事学术工作的基本素养。

（五）教学学术

20 世纪 90 年代以来，在非出版即解聘制度的导向下，美国大学普遍重视教师科研成果，教学被教师所忽视，成为可有可无的工作，教学质量受到严重影响，为此，大学的职责问题受到了广泛关注和普遍质疑。以博耶的《学术反思——教授工作的重点领域》为代表，认为学术意味着通过研究来发现新的知识，还意味着通过课程的发展来综合知识，还有一种应用的学术，即发现一定的方法把知识和当代的问题联系起来，还有一种通过咨询或教学来传授知识的学术[①]，从而把发现的知识、综合的知识、应用的知识纳入学术范畴，并把学术外延拓展到教学领域，进而开展了大学教学学术运动，把大学教学学术运动发展成为大学教与学的学术运动，对大学教学性质及定位展开了大讨论。近年来，国内部分学者也基于美国大学教学学术运动，结合我国大学教学与科研现状对大学教学学术性进行了研究。笔者曾就大学教学学术性问题进行探讨，从教学内容、教学方法、知识交流与知识创新方面进行阐述。仅就知识创新而言，大学教学就体现了其学术性特点。[②]

从知识创新来看，大学就是要通过专业学习，不断提高创新精神与创新能力，这是素质教育的要求，也是大学教育的追求。仅有知识传授不是大学的教学，基础教育阶段也表现为知识传授，并且成为学生发展的主要手段。如果大学停留在现有学科知识的传授上，把课堂变成书本的延续，没有对于知识自身的理解与加工，学生没有对于知识的亲身体验与验证，教师就会失去对学生发展的影响力，失去在基础教育阶段形成的威信。大学教师要获得学生尊重必须有所超越，要能够对于不同材料知识体系进行涉猎与综合，把现有学科知识体系的流派、学科知识前沿、目前不同学术观点讲解清楚。所有这些知识的综合与学术观点，都包括创新的形式与内容。作为教学活动的主要环节，毕业论文教学也包括了丰富的学术内涵，而且成为学术发展的重要手段。根据熊彼得广义创新理论，

---

① ［美］欧内斯．L．博耶，涂艳国、方彤译．关于美国教育改革的演讲［M］．北京：教育科学出版社，2000：210.

② 时伟．大学学术性及其强化策略［J］．教育研究，2007（5）：71-75.

教师公开发表学术论文是知识创新，学科知识的综合是创新，对于教学形式的尝试与发展是创新，对于教学的不断反思与体悟也属于创新内容。在这些创新形式方面，公开发表学术观点是核心，优质学术论文是学科知识体系与技术创新的标志。创造性也包括教学活动自身，“教学活动中的创造性指的是老师对教学体系、教学内容的深入理解，在教材上体现出来的改革和创造性，教学模式的革新，教学实践的革新及老师取得的优秀成果，包括教育教学理论和教育教学实践经验的总结，突出的是老师对教学在发现、综合和应用诸方面所做出的创新性贡献。”①

二、研究综述

借助中国知网、当当网图书购置系统以及主要教育类出版社图书征订与发行系统，收集相关文献资料，对当前本科高校大学生毕业论文的有关代表性文献进行分析，对学术论文、学位论文以及学术著作进行了系统研究，就当前该主题的研究综述如下：

在已有研究进程中主要体现在：综合改革研究、对策建设研究、指标体系研究、创新分层研究、院校发展研究、国外有关研究，主要环节研究等几个方面。

（一）综合改革研究

主要有李秀信的《高校毕业论文改革之我见》（中国林业教育，2002.6）、丁艳芳的《谈毕业论文质量下降的原因及应对措施》（河北农业大学学报，2004.3）、冯志刚的《“多学科交叉综合”毕业论文模式的改革与实践》（化工高等教育，2003.4）、康星华的《高校毕业论文质量管理浅论》（教育与职业，2007.10）、张伟的《加强毕业论文教学环节的管理》（山西教育学院学报，2002.4），认为毕业论文存在的主要问题是：

一是就业综合症对大学生毕业论文产生消极影响，学生完成毕业论文的时间安排同就业时间存在冲突。特别是近几年大学生就业实行自主就业模式，给大学生就业产生巨大压力，致使一部分学生由于工作单位没有落实，到处为工作四处奔走，无心思做毕业论文；一部分学生找到了工作单位，也不想认真做毕业论文，认为学校会为自己有了工作单位而珍惜，不会对学生毕业造成伤害。

二是教师的学时效益对指导毕业论文产生不利因素，每年教师为了多得到教学时数，不顾所指导毕业论文的质量，想办法多指导毕业论文，自己根本没有投

① 俞信，于倩．重视提高大学教师的教学学术水平［J］．中国高等教育，2000（5）：43-45.

入更多的时间去指导每个学生，使论文质量难以保证。

三是高等教育扩招对毕业论文产生影响。高校自主办学权力不断扩大，各高校为了获得更多的办学效益，尽量多招学生，在校生人数不断增加，从而使高校师资力量不够，实验仪器设备不足，造成学生在做毕业论文的过程中只能看不能做，理论多实践少的现象。

四是论文答辩走过场，成绩评定不合理，造成毕业论文好坏难分，质量平平，教师在学生答辩的实际操作过程中存在着把关不严现象，很少有学生不及格，难以反映毕业论文的质量。

五是毕业论文选题不科学。一般先是根据指导教师职称、学历的不同分配学生，学生联系指定的教师，共同商定研究方向，拟定题目。在实践中也暴露出一些问题，一方面有的选题过大，超出了一个本科生的能力和所学专业的知识范围；有的题目太少，使学生难以发挥或施展其能力；有的题目几年一贯制，缺乏创新；有的题目过于超前与现实脱节。同时，部分指导教师由于没有科研课题或者出于以备后用的目的而让学生查阅资料，完成文献综述类的论文；还有的教师让学生查阅资料，分析数据，写出数据分析报告式论文，有悖于毕业论文的初衷。

六是毕业论文质量不高同科研史发展进程有关。大学毕业论文的问题看似同学生忙于找工作有关，但实际关联度要远低于我们的想象，学生不找工作时，在处理课程论文、学年论文等方面同毕业论文如出一辙。科学史表明，问题之所以被提出是因为解决该问题的主客观条件已经具备，否则就只能固守在前人知识框架中做有限的边际改进或应用延伸，因而从这个意义上讲，要求一般大学毕业生提交一份综合性作业是可以的，普遍要求一般大学生提交有一定创意的论文做法应该废止。

七是论文缺乏实用性。学生毕业论文要么高深莫测，无从下手实施，要么脱离客观实际，无条件实施，提出的建议与对策缺乏可操作性。

（二）对策建议研究

有关研究提出从管理上杜绝学生在完成毕业论文过程中出现的不良现象，把毕业论文的管理当做一项工程来抓，强化监督机制，采取有效的措施，保证毕业论文按章有序地进行。对学生严加管理，对教师实行问责。

一是对学校的教学资源，提前做好准备。在学生撰写毕业论文之前把有关图书资料、仪器设备以及低值易耗品等添置到位。强化教师指导工作，启发学生从不同角度思考问题，克服静止和孤立思考问题、照本宣科的思维习惯，还要鼓励学生质疑，这样有助于培养学生敏捷地、主动地、创造性地思考问题的习惯，从而使学生在质疑中吸取知识。

二是把好选题关。由指导教师拟定题目，编写毕业生论文提纲，院系成立专门的专家审定小组，指导教师首先进行答辩，审定小组评审，评审通过的论文题目，才能被毕业生选择。学生在选择时根据自己特长或爱好，选择毕业论文题目，联系指导教师。

三是严格答辩程序。对学生所掌握的基础知识、基本理论与操作技能进行检验，全面考查学生专业素养，包括学生口头表达能力、写作能力、科研思维能力等综合素质，认真组织好毕业论文答辩会，使答辩在严肃、认真、热烈的环境中进行。

四是多学科交叉进行毕业论文选题与管理。把毕业论文选题同企业、科研院所的需求相结合，围绕具体的实际应用性课题，在多学科领域进行探讨，克服以往局限于本专业选择的不足之处，减少专业知识面较单一的现状。由于多学科交叉特点，这些题目在全校范围内跨专业公开双向选题，师生的积极性与主动性都得到了充分发挥，有利于开展因材施教和个性化的教育。在管理、答辩及开题环节上，全校统一，单独进行。

五是组织写作指导班。学生对论文如何选题，如何搜集材料，用什么方法开展研究，以及论文的规范格式等仍十分茫然，及时补课，使学生在写作过程中少走弯路。

六是教师提供清晰的指导进程表。让学生明白整个论文写作过程，同时加大监督力度，控制学生因教师不在场时的论文完成进度，避免学生在教师难以顾及时拖延时间现象。

七是加强三期检查。在前期检查阶段，组织专家对课题、任务书、开题报告、物质准备等前期工作进行抽查。对于任务书中的内容和要求、图纸及实物内容标准、参考文献规范、进度计划等进行检查。中期检查主要是由各学院教学院长负责实施，通过召开师生座谈会、调查问卷、实地走访等形式，认真听取师生的意见和建议，掌握教师指导情况，学生完成工作的情况。后期检查主要是由教务处组织专家对全校的毕业论文工作的全过程进行抽查，包括选题质量、毕业论文工作进度、教师到位及指导作用、学生满意程度、答辩和成绩评定情况、论文水平与质量进行检查。

（三）指标体系研究

对毕业论文按照教学目标、教学条件、教学过程与教学结果进行系统评价，其中教学目标包括知识要求和能力要求，教学条件包括物质条件、师资队伍、实习文件，教学过程包括课题选择、指导工作、学生状况、答辩评分以及总结归档，教学结果包括能力水平、创造性、论文质量和成绩评审的合格性等。

刘晓冰的《大学生毕业论文的综合指标定量评分法》（高等教育研究〈大连〉，1995.3），先从毕业论文的程序入手，认为毕业论文包括命题、题目分析、调研、方案制定、方案实施、结果分析、形成论文、答辩几个过程。在题目加工、工作结果、论文答辩以及能力考核几个方面进行评价，同时，把每一个方面又细化为可操作的内容，进行量化评估。

（四）创新分层研究

有人认为教学型大学可以取消毕业论文，只在研究型大学具备条件的高校保留毕业论文制度。在毕业论文的管理上，严格管理，做出实效，切实防止毕业论文形式化。同时，毕业论文应慎言创新。因为知识创新是个非常复杂的问题，其根本源泉在于科学革命与社会革命，由此提出新的理论与现实课题，知识生产总是以教育传承、边际改进、应用转化等形式为主。从这个意义上讲，知识生产总是少数人所为之事，大群体跃进不符合知识生产规律。提出在写毕业论文时，提倡为理造文，反对为文造理，实在无理可写时则不硬写。当代世界文化发展已经进入一个知识相对过剩时代，在这个时代里，既有助于各媒介所发生的平行移动和下向移动，出现发展极其迅速，知识变得廉价的可能。另一方面知识创新的智慧、技术与社会门槛日益提升，这在教育上的重要表现之一就是教育结构纵向分化链环不断延伸。故此提出，大学毕业论文制度并不会在实质意义上被废止，它只是因时代变化而上移至硕博士阶段而已。

（五）院校发展研究

唐桂英等人的《提高本科毕业生设计（论文）质量的实践》（安徽工业大学学报，2004.7）。本文立足于安徽工业大学，从本校近年来接受教育部优秀评估与水平评估的经验，提炼出几点较为成功的做法，主要是加大投入，加强制度建设，制订了《毕业论文工作管理规范》、《毕业设计（论文）工作评价指标体系》和《毕业设计（论文）指标》，使毕业设计的选题、指导教师职责、答辩成绩的评定、组织管理等环节规范化，对毕业论文的格式与工作量提出了统一具体要求。同时，要求各专业编制毕业设计大纲，指导教师则根据毕业设计大纲、结合课题的内容及基本要求编写毕业设计指导书和任务书。特别是在过程管理上，强化毕业设计（论文）的全过程管理，坚持毕业设计课题三级审核体制，明确分工，协调工作，强化了毕业设计全过程的管理，从而保证了课题选择的导向，保证毕业设计的课题质量。加强检查监督，把好毕业设计每一个环节。将平时检查与阶段检查相结合，对指导教师、学生工作情况以及学院组织管理情况进行检查。

张蓓的《集美大学本科毕业论文质量的调查分析》（集美大学学报，

2005.12)。通过抽查2002、2003届672份问卷进行分析，发现该校毕业论文题目能够随着学科发展而更新，毕业生能够独立完成，同时部分毕业论文涉及指导教师科研课题，能够追踪学科发展的新动向。同时也发现一些问题，在创新性方面，论文在论点及方法上创新不多，能够引用最新成果的论文较少见，很多只是描述前人的成果，缺乏创造性实验。在论文资料来源方面，毕业生不认真进行社会实践，不认真进行社会调查，立足于图书馆资料，闭门造车，内容空洞，缺乏说服力。究其原因，主要在于学生的专业训练不足，独立分析问题的能力不强，缺少专业论文写作的基本功。另外，理论与实践脱节是其主要问题，目前国内高校面临的重大难题是没有认真进行社会实践，加上学生很少进行社会调研，资料来源与实践没有联系。产生这些问题也同大学扩招不无关系，一些新专业，如信息、计算机、金融等专业指导教师不足的现象较为严重。

温儒敏的《北京大学中文系近期的本科教学改革》（中国大学教学，2002.11），分析了中文系本科教学改革过程中对毕业论文进行的改革探索，认为毕业论文放在最后一个学期有问题，同学生毕业工作有冲突，没有足够的精力投入。部分系决定把毕业论文提前到四年级上学期开始。加大学年论文的分量，分别指定老师专门指导，设定相应的学分，如2学分。加强学年论文和毕业论文指导，细化论文的评分规定，制定分数段参考标准，规定成绩一律采用百分制，指导教师必须给出具体的评语，交教研室主任审核。

（六）国外有关研究

郭长虹的《值得借鉴的日本大学生毕业论文的做法》（教书育人，2006.5）和于青春的《日本京都大学工学部的本科高年级和研究生教育》（中国地质教育，2004.2）。文中指出，日本十分重视大学生做毕业论文，而且要利用大学四年级一年的时间完成毕业论文。导师与学生之间遵循选择的原则，从大三下学期开始，一般是由导师对自己的研究室情况进行报告，说明研究室承担的课题和成果，然后学生根据自己的兴趣到相关研究室进行参观与交流，提交自己的毕业论文导师申请。本科生论文题目通常由导师根据自己的研究方向提出，本科生可以承担其中的一个子课题，进行探索性研究。不过，研究室不会让本科生选择新的研究题目，一方面因为每个研究室必须设法继续发展自身的特色，另一方面本科生的主要任务仍然是学习，教授一般只要求他们切实掌握研究论文撰写的基本原则。大四后学生进入相应的研究室做毕业论文，由导师介绍本研究室的规章制度，学生要到研究室上班，查阅资料，了解学习有关课题的背景知识。一般在进入研究室1~2个月内提交开题报告和实验方案。其中，每周要参加本研究室的研讨会，每一位参加者都可以向发言者提问质疑，大家充分发言后，教师再提出指导性意见。大学生毕业在3月份，毕业论文答辩一般在3月初进行，由相关专业的学生分在一个会场答辩，在正式答辩之前，一般都在第一学期末中间预答辩，在毕业前的2月份安排正式答辩。正式答辩后，学生将修改后的毕业论文交给导师，系里将全体毕业生的毕业论文装订成论文集下发给每一位毕业生和导师。

（七）主要环节研究

周新年的《毕业论文选题与分析》（中国林业教育，2004.3），专门对本科毕业论文选题进行探讨，提出了选题的基本原则：（1）价值性原则。选题要有一定的理论价值和实际意义，具有指导性和实用性的特点，使选题符合科研、社会发展的需要，有利于提高教育科研质量，促进大学生学术水平发展。同时，要根据研究方向的发展需要，检验、修正、创新和发展科学理论，在立论上有所突破和建树。（2）现实性原则。选题还需要考虑现实性，要求选题要从实际出发，选择那些自己有兴趣和难易适中的题目，只有对某一选题有了浓厚的兴趣，才会有积极性深入研究，才能赢得论文写作的成功。选题不能过宽过大。（3）创新性原则。选定的论题应是该领域内前人未曾解决或尚未解决的问题，因此要善于开拓前人研究的问题，并有所创新，这种创新表现为延伸型、补充型和杂交型。在此基础上，提出了选题的要求，选题的方法与策略，使选题同个人爱好、教师科研课题以及生产实践相结合等。

吴晟的《高校文科学生毕业论文撰写中的几个问题》（广州大学学报（社科版），2003.9）。根据对该校大学本科生的毕业论文调查，发现毕业论文存在选题无创见，重复他人劳动；选题大而空，难以胜任；不能作理论提升，生搬硬套以及抄袭等问题。分析了大学生毕业论文撰写中存在问题的原因，提出了解决大学生论文撰写的措施。

上述研究主要在公开发表的学术论文方面进行梳理，从已有研究来看，在方法上，有的立足于院校研究，有的侧重于本科院校的普遍情况；在学术性上，有的主张将毕业论文工作重心上移，有的建议本科教学应加大改革力度；在内容上，有的对毕业论文进行了综合研究，有的侧重于毕业论文的某一环节；在区域上，有的对国外毕业论文情况进行了探讨，但更多是从各校的实践经验进行分析。在学位论文研究上，系统研究的为数不多，主要体现为硕士学位论文研究，如马彦欣的《本科生毕业论文质量检查与控制技术研究》（2004）。在问卷及论文调查的基础上，侧重于对本科生毕业论文的质量进行形式检查，对其引文进行统计分析，探讨了论文成绩与形式质量的关系，提出了本科生毕业论文质量检查流程，以及对质量规范和控制技术进行深入研究。在学术著作方面，主要有：曹天生、张传明的《本科学士学位论文写作概论》（2008），马立民、冯志明的

《法学毕业论文写作》（2008），夏燕靖的《艺术设计专毕业论文写作与答辩教程》（2007），范凯熹的《毕业设计与论文》（2006），周志高的《大学毕业设计（论文）写作指南》（2007）以及一批相关专业的毕业论文教程，这些论著侧重于一般性的引导，而非更深入的学术探究。这些研究为本课题深入探讨提供了丰富的经验与有益启示，不过在已有研究中，多数存在一些不良假设，认为本科阶段不应强调学术研究，从而把大学教学混同于中小学教育，同时，认为扩招是影响本科毕业论文质量的根本因素，淡化了基本规范与制度建设的关键因素。

三、研究目的

该研究着力于地方高校本科毕业论文研究，就其缘由来说，直接导源于当前扩招背景下高校本科论文质量下降的现实问题，不过，在其本质意义上，毕业论文在大学本科人才培养方案中同其他课程不同，在课堂教学见长的情况下，如何摆脱传统课程教学模式的不足，加强毕业论文指导，达到优化毕业论文的目标是本科专业教育中不容回避的问题。另外，地方本科毕业论文由于高校学术内涵不同，同研究型大学与教学研究型大学有较大差异，因而，地方高校本科毕业论文侧重点及其要求有所不同，这就需要考虑不同大学毕业论文的问题差异与程度差异，增加毕业论文的针对性。因而，本研究的目的主要有以下几个方面：

1. 在传统本科毕业论文观念的基础上，分析毕业论文功能、特征与价值，体现了大学教学的学术性，揭示毕业论文在本科教育中的独特意义，从选题、写作、答辩以及质量保障方面，整体提高毕业论文合理性与有效性。

2. 研究在当前增强科研职能，提高服务能力的背景下，加强大学生社会问题意识与研究素质，增强毕业论文选题的适切性与针对性，提高大学生适应社会的能力。

3. 研究不同类型本科高校学术内涵，探讨地方本科高校的教学与科研特征，提高地方本科高校毕业论文的针对性。

4. 研究扩招背景下本科高校毕业论文质量状况、问题与对策，探讨本科高校毕业论文的制度构建，进一步规范本科高校毕业论文指导。

四、研究假设

假设一：大学毕业论文质量同学校的学术内涵有关，地方性本科高校不同于研究型大学学术内涵，其毕业论文学术内涵不同。

假设二：地方本科高校毕业论文质量同指导教师、毕业论文的教学过程相关，提高地方本科高校毕业论文质量的关键在于指导教师以及平时的课堂教学指导。

假设三：毕业论文质量渗透在毕业论文指导各个环节，主要体现在选题、撰写以及答辩主要环节上。

五、研究内容

本文在梳理已有研究的基础上，提出本课题研究的基本假设，从三个方面进行研究。首先对毕业论文的价值定位进行探讨，阐述毕业论文的意义、特征、类型与功能。其次立足于毕业论文质量现状调研，探讨当前地方本科院校毕业论文选题、撰写、答辩以及质量保障方面存在的问题，进而从四个方面展开研究，提出各主要环节的理论基础，相应的工作流程、要点与基本要求。最后对本研究作进一步的讨论，提出研究的价值、研究的有效性及可能存在的问题。研究的基本框架如下：

主要包括三个部分，第一部分是引言和毕业论文的价值定位，其中引言部分涉及研究综述、研究目的、研究假设、研究内容及研究方法，价值定位涉及毕业论文的意义、毕业论文的特征、毕业论文的类型以及毕业论文的功能。第二部分是毕业论文质量现状及过程质量保障，其中在毕业论文质量现状方面通过问卷调查及访谈，对选题质量、写作质量、答辩质量以及质量保障方面进行分析，进而通过毕业论文选题、毕业论文写作、毕业论文答辩以及毕业论文质量保障等方面进行探讨，以增强毕业论文的有效性。第三部分是本研究的一些讨论，涉及本研究的价值、有效性以及下一步深入研究的问题。

六、研究方法

（一）文献研究

文献法是本研究最基本的方法，正如裴娣娜教授所言，它能够全面正确地掌握所要研究问题的情况，帮助研究人员选定研究课题和确定研究方向，可以为教育研究提供科学的论证依据，从而可以避免重复劳动，提高科学研究的效益。本文对 1999 年以来有关大学本科毕业论文研究文献进行检索，包括了学术论文、硕士、博士学位论文以及学术著作，分析已有研究中观点与论证，提出已有研究存在的缺陷与问题，不仅为本课题的研究提供探讨的切入点，而且为本课题的研究提供了许多资料。

（二）调查研究

对有代表性的大学教学管理的现状进行问卷调查，主要对安徽、湖南、湖北等部分地方性本科院校选取60名左右临近毕业的大学生进行调研。同时，在调查过程中，与大学不同群体在一起座谈，与部分指导教师进行访谈，并利用本人在教务处工作的优势，对个别学校的教务管理部门进行调研，了解学生对毕业论文的不同看法，分析教师对毕业论文的态度与经验，阅读这些学校的教学管理规章制度，以及在毕业论文质量检查过程中存在问题以及提出的良好建议。与此同时，利用SPSS统计软件对调查数据进行统计分析，分析地方性本科院校毕业论文工作存在问题、问题的成因及其相关性等。

（三）个案研究

如戈尔（Gall）等人认为，个案研究法可以让研究者对在一个自然情况下的事件，及时从事件中的参与者角度，去进行深入的研究，从而进一步了解与发现个案所反映的一般情况，以及佐证原有理论不确切之处。就本研究而言，既要考虑到省属重点大学，这些学校带有教学研究型的特征，又要考虑到省属一般本科院校，同时以后者为主，探讨这些教学型院校毕业论文管理以及质量方面较为优秀以及较为一般的做法。具体感悟这些有代表性学校的正反两方面的经验，提取毕业论文质量及管理较好的地方本科高校的经验加以分析。

第二章　毕业论文价值定位

大学本科毕业论文是实现大学培养目标的需要，有助于完善人才素质结构，促进学生专业发展，为人的持续发展提供动力。作为学术论文的一种，毕业论文具有学术论文的一般特点，同时也具有基础性、指导性以及训练性等自身的特点。毕业论文的类型多样，有专题型论文、论辩型论文、综述性论文和综合型论文。大学毕业论文除了个人发展价值外，能够对研究对象进行描述与解释，预测事物发展态势，从而对决策出台、学术发展以及社会改进等方面产生重要影响。

一、毕业论文的意义

（一）实现大学培养目标的需要

培养和造就具有创新精神和实践能力的高素质专门人才是高等教育的根本任务，为此，高等学校需要不断深化教育改革，更新人才培养模式，提升教育教学质量。本科毕业论文作为高等学校教学计划的重要组成部分，是实现高等教育培养目标的一个不可替代的实践环节，引领着高等教育的改革方向，为大学生实践能力与创新能力的培养奠定基础。

本科毕业论文与理论课程目标不同，理论课程考核往往是针对专门理论基础，主要考查学生对本门课程所学知识的掌握程度，而毕业论文是大学理论课程的延伸，目的是培养学生综合运用所学的知识与技能，分析与解决实际问题的能力、勇于探索的创新精神、严肃认真的科学态度和严谨求实的工作作风等。本科毕业论文是对大学本科毕业生专业基础知识、基本理论与实践能力的一次全面考核和测验，也正因如此，毕业论文作为衡量本科教学质量的主要标准，是判断本科教学水平与人才培养质量的一项重要指标。早在2004年4月，教育部《关于加强普通高等学校毕业论文工作的通知》指出，本科毕业论文是实现培养目标的重要教学环节。毕业论文在培养大学生探求真理、强化社会意识、进行科学研究的基本训练、提高综合实践能力与素质等方面，具有不可替代的作用，是教育与生产劳动和社会实践相结合的重要体现，是培养大学生的创新能力、实践能力和创业精神的重要实践环节。同时，毕业论文也是衡量教学水平，作为学生毕业与学位资格认证的重要依据。① 同年，教育部颁布的《普通高等学校本科教学工作水平评估方案（试行）》中，将“毕业论文或毕业设计”列为“教学效果”的重要指标（二级指标7.2）。2005年下发的《关于进一步加强高等学校本科教学工作的若干意见》中指出：“要切实加强实验、实习、社会实践、毕业设计（论文）等实践教学环节，保障各环节的时间和效果，不得降低要求。大学生毕业设计（论文）要贴近实际，严格管理、确保质量。”② 教育部在2007年《关于进一步深化本科教学改革全面提高教学质量的若干意见》文件中进一步指出：“要大力加强实验、实习、实践和毕业设计（论文）等实践教学环节，特别要加强专业实习和毕业实习等重要环节。”③ 这些文件对大学本科毕业论文的规定，已充分说明本科毕业论文是体现大学生实践能力与创新能力的重要标志。

尽管国外一些专家也提出了大学专业教学与科学研究的区别，专业教学主要是传授与掌握多学科的系统知识，普通学生并不需要学习如何从事科学研究，④ 但这里的科学研究是指同专业截然分开的一种纯科学活动，学生从事科学研究与从事科学活动的学习明显不同。人们对于不同性质的本科高校的毕业论文有不同标准，认为一般教学型高校学术水平不高，不具有教学研究型或研究型大学发展学生学术能力的条件与基础，研究型大学基于坚实的学术基础，应该提出高水平的办学定位，把培养学术精英人才作为本科办学目标。不过，理想的发展目标同研究型大学现实状况有一定差距。从国外的已有研究，如博耶的《彻底改造本科教育：美国研究型大学的蓝图》，以及现实调查来看，受到制度环境以及教学、科研两分观念影响，研究型大学的教师只是具备了教学与科研相结合的意识，但在实践上并没有如人们想象的那样乐观。⑤ 不过，由于研究型大学较好的师资队

---

① 教育部办公厅关于加强普通高等学校毕业设计（论文）工作的通知［Z］. 2004-04-08. 教高厅［2004］14号.

② 教育部关于印发《关于进一步加强高等学校本科教学工作的若干意见》的通知［Z］. 2005-01-01. 教高［2005］1号.

③ 教育部关于进一步深化本科教学改革全面提高教学质量的若干意见［Z］. 2007-02-17. 教高［2007］2号.

④ ［西班牙］奥尔特加. 加塞特，徐小洲、陈军译. 大学的使命［M］. 杭州：浙江教育出版社，2001：77.

⑤ 徐岚，卢乃桂. 从教学与研究之关系看研究型大学本科教学的特点［J］. 高等教育研究，2009（6）：66-73.

伍、学术氛围与科研条件，学生接触学术研究的机会较多[①]，地方本科高校相比之下受到了较多限制，如安徽省高校科研总经费方面，2008 年研究型大学约为 1.7 亿元，而地方教学型大学则为 1300 万元。[②] 在某种程度上，这一差距也反映了本科生能否参与课题研究，以及参与学术研究与讨论的机会，因而，无论是哪一层次的本科高校，基于高等教育一般要求以及现实情况，都需要加大本科毕业论文的教学工作，特别是地方本科院校尤其需要加大本科毕业论文工作力度，以此作为学术训练的重要基地，作为提升学生创新精神与实践能力的关键平台。

（二）完善人才素质结构的需要

大学的培养目标已不再局限于智力发展领域，大学应让学生在成长的关键期，养成一些极为重要的素质，这些素质包括表达能力、批判性思维、道德推理、公民意识以及多元文化。特别是批判性思维能力，在 20 世纪中期美国的一次大范围的调查中发现，超过 90% 的教师认为这是本科教育最重要的目标。[③] 进入 21 世纪以后，社会呈现出知识和信息经济的时代特征，社会变迁对人才素质提出了更高要求，人才素质结构本身也需重新建构。高等教育培养出来的人才能否具有较高的理论思维与实践的素质与技能、人际交往与合作能力、生涯规划与自立能力、团队协作精神、解决现实问题及灵活运用多种学习方式深度学习等优良品质和技能，是决定大学毕业生能否得以立足与生存发展的关键。尤其是随着高校扩招，大学毕业生数量激增，用人单位对人才认可的标准也在不断地发生变化，培养出市场需要的毕业生正在成为许多高校人才培养的方向和目标。而这些核心竞争力的形成，需要大学生接受高等教育过程中每一实践环节的锤炼和洗礼，进而内化成毕业生良好的素质结构，本科毕业论文就是其中的一项重要途径。

地方高校要充分发挥毕业论文的教学与教育功能，减少实验教学条件不足，以及理论教学实践弱化的现象，借助毕业论文这一环节，培养大学生探求真理、积极从事科学研究的意识和能力；培养大学生的科学素质、人文素质和思想政治素质；使学生将所学的理论知识、实验方法和技能得到巩固、提高与融合；提高学生综合运用专业知识独立分析问题和解决问题的能力，从而缩短学生毕业后从事教学、科研、科技开发、技术推广或技术管理工作的适应期。可见，本科毕业论文是教育与生产劳动和社会实践相结合的重要体现，是学生提升素

---

① 从安徽省内属重点大学与省属普通学院调查来看，省属重点大学某一二次学院学术报告平均每月 3.7 次，而省属普通院校相同专业的二级学院只有 1.2 次。

② 安徽省教育厅编．安徽省普通高等学校科学研究与发展统计公报［Z］．2009：3-4.

③ ［美］德里克．候定凯等译．回归大学之道［M］．上海：华东师范大学出版社，2008：39-45.

质，走向社会的切入点，是培养大学生的创新能力和实践能力的重要实践环节和有效渠道。

（三）促进学生专业发展的需要

从专业内涵上看，本科毕业论文是大学学科和专业发展的应有之义。在我国，高等教育的专业设置以社会专业分工需要所分成的学科门类为依据，专业的内涵包括专业的设置、师资、办学条件、教学基本建设等方面，是一种虚体和实体的复合产物。专业的形成依赖于学科与课程的成熟发展，而学科与课程的学习目标必然蕴含学术论文或设计研究能力的养成问题，因此，学术论文研究能力是大学生专业发展与学科教学的基本要求。我国高等教育法对本科教育阶段学生的学术研究能力和标准有明确规定，“本科教育应当使学生具有从事本专业实际工作和研究工作的初步能力”。《中华人民共和国学位条例暂行实施办法》（1981）也具体规定了授予学士学位条件之一是：“具有从事科学研究工作或担负专门技术工作的初步能力。”可见，这些表述意味着初步的研究能力已构成对本科生的共性要求，是本科专业的应有之义。本科毕业生在毕业之前需要在导师的指导下，综合运用自己所学的理论知识，结合自身的实践经验，完成一篇合格的本科毕业论文，以此作为检验其专业学习质量的重要尺度。

毕业论文是本科层次大学生素质的现实要求。我国高等教育法中还规定了高等学历教育应当符合的学业标准，其中区分了本科与专科的差异：专科教育只要求学生掌握本专业必备的基础理论、专门知识，具有从事本专业实际工作的基本技能和初步能力；而本科教育除使学生要比较系统地掌握本学科、专业必需的基础理论、基本知识，掌握本专业必要的基本技能、方法和相关知识外，还需具有从事本专业实际工作和研究工作的初步能力。由此，“大学本科学生在参阅大量有关资料和信息的基础上，进行相关的社会调查或开展科学实验和搜集实验数据，在实践中学会发现问题和研究问题，学会运用自己掌握的专业理论知识去解决问题，特别是理工类学生还要进行理论计算、实验研究、结构设计、工程测试、计算机应用以及积极的创新思维等，最终才能撰写形成自己的本科毕业论文。可以说，无论是从毕业论文题目的选定到实验计划的制订实施，再从文献资料的检索到论文写作完成，最后从论文的评审修改到参加答辩，都带有浓厚的学术气氛和科学精神，”① 这是本科大学生形成专业素养的必要途径，同时也为今后深入的理论研究和实践活动打下良好基础。

---

① 吴国杰，吴炜亮，赵宏霞．本科毕业论文教学改革探讨［J］．广东工业大学学报（社会科学版），2008（7）：174-177.

（四）推动人的持续发展的需要

本科毕业论文环节对学生的发展具有一定的奠基功能和推动作用，如在学生独立工作能力的发展、研究能力的培育和创新思维的形成等方面，都具有其他课程和实践活动所无法比拟的优越性。毕业论文环节是学生从学校走向社会之前的一次独立工作的实践活动过程，本科毕业论文的撰写过程很大程度上是学生自己独立完成的，尽管有指导教师的辅助，但在整个进程中，学生的主动性、刻苦钻研的品质、独立工作的能力至关重要。正是在这个过程中，培养了学生独立工作的能力，学会了与人合作共事的本领，提升了自身的综合素质。也正是通过独立撰写毕业论文，学生充分发挥了聪明才智，展示了自己的能力和特长，发展了解决实际问题的能力。由此可见，毕业论文是学生独立思考与解决问题的重要手段，这为大学生走向工作岗位奠定了坚实的基础。

此外，毕业论文还有助于培养学生的创新思维和从事科学研究的基础能力。这在时代呼唤创新人才的培养及我国高等教育走向大众化的今天更凸显其特殊价值和意义。从国际高等教育发展来看，发展学生的研究能力和创新思维是世界高等教育发展的共同追求。国外许多一流大学非常重视本科生的科研能力，有的大学甚至设立了科研学分。如伯克利分校于 1997 年成立了“本科生研究办公室”，科研学分是 16 分。美国麻省理工学院创设的“本科研究机会计划”，加州大学洛杉矶分校设立的“本科生研究中心”，耶鲁大学为一年级的本科新生设立的“指导研究”项目等，都是高度重视本科生科研的表现，这些大学正是通过在本科教育中引入科研而成为了知识的研究型大学。① 有人说，毕业论文是学生步入科学研究工作的开端。通过毕业论文创作，学生可以了解科学研究的过程和基本程序，学会收集、整理和提炼素材；学会调查研究和设计实验；学会利用计算机检索、查阅文献和对所掌握的材料进行系统严密的逻辑思维；学会提出问题、分析问题和解决问题的方法以及论文写作的格式与技巧。总之，毕业论文有益于培养学生从事专业研究的情感，树立科学研究的信心，养成务实的学风和刻苦钻研的毅力等，为其后续发展提供充足的动力支持。

二、毕业论文的特征

毕业论文是大学生立足本专业所从事的学术工作，是学生专业综合能力与学

① 朱梅．关于完善我国本科毕业论文教学环节的理性思考［J］．教书育人，2006（4）：13.

术水平的体现，因而也是学术论文的有机组成部分，旨在通过理论与实践相结合，不断探求新知，体现学术创新。不过，由于毕业论文同其他专业研究者所从事的学术活动目的不同，大学生从事毕业论文创作重在学习与初步的学术探索，而非完全独创性的科学研究，后者具有明显的专业研究与创新特点，也是划分专业与非专业研究的标尺。这就决定了大学生毕业论文有着学术论文的一般特点，同时又具有自身的特殊性。

（一）毕业论文的一般特点

1. 科学性

科学性是学术论文的根本特征，同时也是毕业论文的根本特征。学术论文的科学性体现在以下五个方面：一是内容的真实性。即学术论文在研究过程中所反映的试验材料、研究方法、试验过程、试验数据和研究结论等方面，是基于对客观事物及其过程的真实记录，不能凭空捏造，弄虚作假。就是对研究过程及其结果的推断与逻辑表达，也是符合科学的表达方式，是真实的思维形式，而不是为符合原始设想而故意引向研究目的，从而使研究的文字描述背离真实的研究走向。如美联社 2009 年 17 日报道："现年 79 岁的沃森近日在接受英国《星期日泰晤士报》采访时，宣称对'非洲的前景始终保持悲观'，理由是非洲人与西方人的智力并不相同。沃森认为西方人的社会政策主要基于他们（非洲人）的智力与西方人一样，但事实并不是如此。《星期日泰晤士报》援引沃森的话说，他表示希望每个人都能实现平等，但许多和黑人雇员打交道的人会发现这不是真的。"① 沃森的这一结论，并不是基于研究的科学结论，而是在带有不良观念主导下的合目的性观察。在缺乏科研实验与论证的前提下，武断做出这一言论受到了许多科学家的指责，也为此付出了巨大的舆论代价。

二是表达的逻辑性。科学研究的最终结果不仅是一个研究过程的记录，而是在整个研究过程的原始记录基础上，对研究进程所呈现的现象进行分析与比较，找出之间的相互关系，表达个人的主体判断，同时要公开个人的研究结果，供学者共同体审查，以及在有关学术期刊上发表，获得学术承认，提供更为宽广的交流平台。这就要求学术论文素材积累、关系推理与文字表达具有科学的内在逻辑，符合逻辑推理规律，能够在论证与结论之间形成必然的因果关系。

三是结果的可重复性。学术研究的结论是否客观公正，通常要接受相应的检验，能够在给定条件下进行可重复验证。由于学科性质不同，研究的对象与研究

① 声称黑人智力不如白人"DNA 之父"演讲被取消［N］. 羊城晚报. 2009-10-18.

目的有别，学术研究结论的可重复性环境差异较大。如人文社会科学中通过人类学方法进行研究，有些条件具有不可重复性，因而也就无法再现先前的研究条件，只能凭借一些技术手段进行定性讨论与定量分析。而对于自然科学研究，较少受到个人因素影响，其实验环境相对稳定，能够提供给定的实验条件，在相同的条件下，通过再次实验，验证结果的可靠性。

四是水平的先进性。学术研究建立在已有研究的基础上，既是研究者个人研究兴趣，也是该领域研究团体共同关注的问题，研究者离不开研究共同体前期研究的综述与分析，从而使该问题的研究立足于学术前沿，充分反映相关研究的最新状况，避免低水平重复。

2. 创新性

创新性是学术论文价值的最重要、最核心体现。不同学科对创新的理解差异较大。奥地利经济学家熊彼特在《经济发展理论》一书中提出并论述了创新思想，他认为创新概念包括以下五种情况：“（1）采用一种新的产品——也就是消费者还不熟悉的产品——或一种产品的新的特性。（2）采用一种新的生产方式，也就是在有关的制造部门中尚未通过经验检定的方法，这种新的方法决不需要建立在科学上新的发现的基础之上，并且可以存在于商业上处理一种产品的新的方法之中。（3）开辟一个新的市场，也就是有关国家的某一制造部门以前不曾进入的市场，不管这个市场以前是否存在过。（4）掠取或控制原材料或半制成品的一种新的供应来源，也不问这种来源是已经存在的，还是第一次创造出来的。（5）实现任何一种工业的新的组织，比如造成一种垄断地位（例如通过‘托拉斯化，）或打破一种垄断地位。”① 熊彼德从经济学角度对创新进行了解释，涉及范围较广，内容较为宽泛。这同大众意义上所理解的学术创新有明显不同。《科学技术报告、学位论文和学术论文的编写格式》明确提出：“学术论文应提供新的科技信息，其内容应有所发现，有所发明，有所创造，有所前进，而不是重复，模仿、抄袭前人的旧作。”② 国家标准对于创新的理解充分表明了新发明、新发现与新创造内涵。

结合不同学科的创新解释，创新一词包括了两类，一类是广义上的创新，即所有涉及新的观点、新的要素组合与新的设计方案都可称之为创新。一类是严格意义上所指，创新是指理论与技术创新，主要从原始创新方面来说。由于重大科

① ［美］熊彼德．孔伟艳等译．经济发展理论［M］．北京：北京出版社，2008：233.

② 谭丙煜．GB7713-87 科学技术报告学位论文和学术论文的编写格式［Z］．北京：中国标准出版社，1990：98.

研成果的创新是科学研究的长期积累，有的具有明显的阶段性特征，但有许多创新是科研工作不同时期研究要素的有机结合，因而不能把不同阶段所取得有关支撑重大创新的部分环节与要素分离开来，从这个意义上理解，每个研究者都具有创新的能力与创新的可能性。毕业论文也是理论与技术创新的阵地，同样具有创新性内在要求与外在表现。学术论文的创新性主要表现在以下三个方面：一是理论创新。具体表现在提出了新的观点、新的认识、新的假说，反驳了某一理论或者对某一理论进行了补充和完善等。二是方法创新。具体表现在使用了与以往不同的研究过程、研究方法，借助了新的理论依据，创新了实验体系等。也就是说，要对已有的计算、操作、实验和研究方法有新的突破。三是结论创新。具体表现在产生了新的研究数据，制造出了新的材料，有了新的发现或发明，拓展了研究领域等。

3. 理论性

理论是人们从实践中概括出的关于自然界和社会有系统的知识体系。学术论文的理论性主要指学术论文不是材料的简单罗列和堆砌，而是要通过深刻的思维过程，探求材料背后所反映的系统化的、专门化的科学知识与技术体系。对学术论文的理论性可以从以下三个方面理解：第一，学术论文的撰写过程是从感性认识到理性认识的飞跃，也就是从对事物的零散的片面的认识，上升到对事物全面而系统的认识，不仅要形成一般观点，而且要对观点有着深入的论证。如针对大学师生关系弱化问题，人们一般是通过目前师生关系同以前师生关系相比所感受到的差异，属于感性认识阶段，在其深层次上，需要对产生这种现象的原因进行系统分析，从不同方面解读其原因，形成系统的认识，这一过程就是一个由感性上升到理性的过程。其次，学术论文的撰写是从现象探索本质的过程，也就是说从外在所看到的现象，去伪存真，探索其内部的成因及其规律。如果说由感性认识到理性认识，是一种思维取向及其思维方式的变化，而由现象到本质则是经过这种思维过程，最后达到对事物内在矛盾及其本质的认识。第三，学术论文的专业性。学术论文的专业性一方面体现为研究者所探索的问题基于自身前期的学习与学术积累，是在相应的专业范围内进行探索，而不是随着研究者的问题兴趣任意变换问题的研究领域，一些交叉性的问题研究，其研究的基础主要立足于相对稳定的专业领域，兼顾该问题所涉及其他领域。另一方面是研究者表述的专业化。语言表述的规范性与专业性，主要体现在学术论文对人工语言符号的使用，通过特定的符号、公式、图表等进行专业化表述，力求用学科专业语言进行表述和分析，以探寻问题与原因的关系，探索知识间的相互关系，体现出表述的专业性。这也是学术论文与一般科技应用文体在语言表述上的显著差异。

4. 实践性

实践性是学术论文的前提与依据，它要求学术问题研究要建立在实践的基础上，对客观事物及其规律如实反映，并能反过来指导专业实践与生活实践。通俗地讲，实践性即论文的问题来源于实践，研究立足于实践，目的指向于实践。对于学术论文的实践性，体现为学术论文的选题上，来源于当下学术发展的需要，来源于生活与生产中的实践问题，来源于区域社会发展规划与建设需求。从课题的研究过程来看，要求研究者做大量的调查研究，了解该问题研究在实践过程中呈现的表象。自然科学问题的研究需要根据研究计划通过实验的方式进行测试与验证，得出研究结论。由于问题的学科性质不同，其实践程度有所差异，在自然科学方面的论文，其实验实证的成分较多，而人文社会科学研究其文献研究的内容较多。从问题的指向来看，所选课题来源于实践，也就意味着其问题的解决方案与方式指向于实践，能够解释实践同时为实践提供参考方案，提高实践问题解决的效能。对于应用性研究与开发研究课题直接指向于实践，并能够产生经济效益和社会效益。就基础研究而言，主要是为了学科发展与相应的问题的解决提供理论思维与学术观点，在一定程度上也是属于能够解释与解决相应理论与实际问题的研究。特别是人文社会科学研究，尽管其实践性特点不太明显，不能在短时间内产生巨大的社会效益，但对本学科的发展、对国家政策的制定、对相关社会事业的发展，同样具有指导和推动意义。

5. 规范性

学术论文的规范性是指学术论文写作与表达的基本规则，不同类型的学术论文除了遵循相同的规范外，还有其特殊的规范要求，如人文社会科学与自然科学有着不同的写作体例，但在其参考文献等方面的表现方式又具有共同的规范。学术论文的规范性主要包括四个方面的内容：一是学术论文特定的体例要求。这种要求体现在两个方面，首先，要符合先引出问题，再进行论证、推理、分析进而解决问题，最后得出结论的逻辑顺序关系；其次，包括题名、署名、摘要、关键词、引言、正文、参考文献等在内的内容构成要素都不可缺少，且构成要素应按照内在逻辑结构排列，做到体例规范。二是学术论文语言文字的规范性。语言文字表达力求准确、规范，避免模棱两可、含混不清的表述。三是所用图表、研究方法以及段落中标点符号的规范性。要求所列图表符合基本规范，研究方法符合专业规范，标点符号等符合文字规范。四是引用参考文献的规范性。参考文献要符合著作权法的要求，符合引用规范的要求。参考文献规范是学术论文规范最为重要也是最核心的规范。之所以突出参考文献的价值，一方面是著作权法的规定，另一方面体现出学术研究的科学性，即一项科学研究成果是建立在已有研究的基础上，只有通过参考文献著录才能反映出问题研究是否把握了研究现状，是否体现了前沿性特点，是否是作者的独立研究，是否能为其他研究者提供研究线索。在此基础上，要求参考文献要按照一定标准记录。如国家 GB-7714-87《文后参考文献著录规则》规定了采用“顺序编码”、“著者出版年制”，细化学术论文、学术著作不同的记录标准。

（二）毕业论文的特殊性

大学毕业论文除了具有上述学术论文的特点之外，由于毕业论文是大学生群体所进行的非专业研究者的探索活动，是学术研究的尝试性工作，因而具有自身的特殊性：

1. 基础性

根据《中华人民共和国条例暂行实施办法》，对学士论文要求是：大学本科学生在毕业前完成的毕业论文，要求在教师指导下，掌握和运用已学到的专业基础理论和基本技能，并在此基础上，具备解决本专业中某一学术问题的初步能力，为以后的岗位工作以及相应的专题研究奠定基础。因此，本科生撰写的毕业论文要求不同于专业研究者，在选题范围、研究方法、学术创新性以及研究结论方面并不要求大学生达到专业研究者的水平，同时大学生现有学术积累也难以达到专业研究的学术创新程度。其目的在于通过毕业论文的写作，表明作者确已较好地掌握了本门学科的基础理论、专门知识和基本技能，并且初步具有从事科学研究工作的能力即可。因此，大学生毕业论文研究的基础性是毕业论文的典型特征。

2. 指导性

由于大学毕业论文是教学范畴，是大学专业设置中人才培养方案的重要组成部分，属于实践教学环节。因而，大学生毕业论文在教师指导下进行，而不是完全由学生独立完成。从选题、开题、研究进程以及最终的论文答辩各个环节，指导教师需要全程参与，对学生各个环节中出现的问题进行指导。大学毕业论文所出现的质量不高，甚至涉嫌抄袭等现象同教师缺乏指导不无关系，如果缺乏教师的有效指导，把毕业论文作为专业研究论文独立研究，不去主动与学生进行沟通，学生的毕业论文有可能由于指导不力以及把关不严，出现毕业论文质量下降现象。

3. 训练性

同基础性和指导性相适应，毕业论文是学生对于学术问题的尝试，通过关注相关问题，问题的选择与变更，使学生学会如何结合自身的学科专业、结合经济社会发展需要、适应人才培养的需要进行选题；通过文献综述的梳理与分析，掌握文献的收集、分类与分析方法；通过对调查研究、比较研究以及实验研究的学习与使用，了解相应研究方法的一般特点与基本程序，学会解决问题的基本方法；通过论文修改以及加工，学会专业学术论文的写作规范，并在此基础上提高语言文字的表达能力；通过参考文献著录训练，学会文献著录方式与方法，提高文献使用能力，增进学术规范意识；通过答辩环节，系统思考问题的价值与意义，研究的缺陷与不足，为提高问题的研究能力提供借鉴。由此可见，大学生毕业论文重在尝试与积累学术基础，训练学生写作的规范性，提高学生初步的科研能力和综合运用知识的能力，这实际上是一种习作性的学术论文。

三、毕业论文的类型

毕业论文是学术论文的一种形式，由于毕业论文本身的内容和性质不同，研究领域、对象、方法、表现方式不同，因而，毕业论文就有不同的分类方法。本部分在探讨毕业论文的类型时，考虑到不同类型论文的基本范型的引导作用，有的以典型性学术论文举例。

（一）按内容性质和研究方法划分

按内容性质和研究方法不同可以把毕业论文分为理论性论文、实验性论文和设计性论文。文科大学生一般写的是理论性论文。理论性论文具体又可分成两种：一种是以纯粹的抽象理论为研究对象，研究方法是严密的理论推导和数学运算，有的也涉及实验与观测，用以验证论点的正确性。另一种是以对客观事物和现象的调查、考察所得观测资料以及有关文献资料数据为研究对象，研究方法是对有关资料进行分析、综合、概括、抽象，通过归纳、演绎、类比，提出某种新的理论和新的见解。后两种论文主要是理工科大学生选择的论文形式，实验性论文通常依托实验室手段，对所要达到目标的假设进行测试与验证，而毕业设计通常同物理电子、美术工艺与产品构造等相关专业领域的问题有关，需要设计出整体框架、艺术形态或生产流程。下图是智能汽车设计与实现论文中摄像头驱动芯片的设计。

LM1881 是针对电视信号的视频同步分离芯片，它可以直接对电视信号进行同步分离，准确地获得所需的视频图像信号，使用者可根据需要对该同步信号进行时序逻辑控制。LM1881 广泛用于对视频信号的同步分离中，比如便携式图像采集卡、视频监控录像控制仪、基于成像系统的视频图像采集等。

LM1881 的设计流程如图所示：

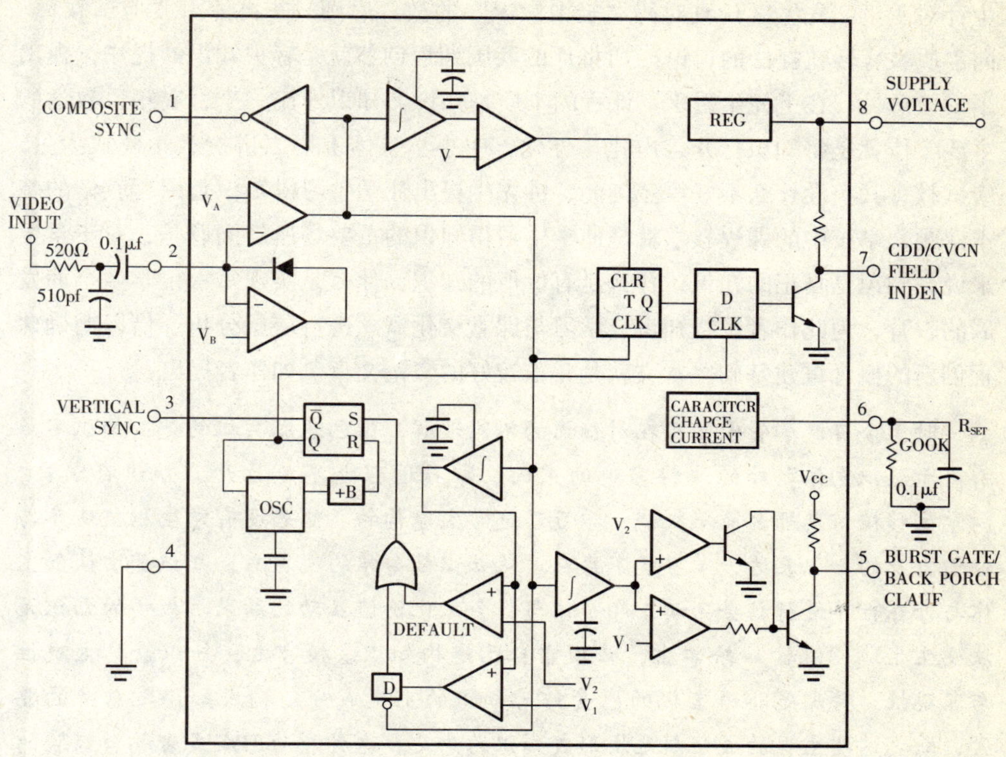

注：1. 行同步输出；2. 视频信号输入；3. 垂直同步输出；4. GND 接地；5. 后沿脉冲输出；6. 接电阻和电容的并联后接地；7. 奇偶场输出；8. VCC（本文来源于某省 2005 级优秀本科毕业论文朱道婷的《智能汽车设计与实现》中部分内容）

（二）按议论的性质划分

按议论的性质不同，可以把毕业论文分为立论文和驳论文。立论性的毕业论文是指从正面阐述论证自己的观点和主张。一篇论文侧重于以立论为主，就属于立论性论文。立论文要求论点鲜明，论据充分，论证严密，以说理和事实服人。驳论性毕业论文是指通过反驳别人的论点来树立自己的论点和主张。如果毕业论文侧重于以驳论为主，批驳某些错误的观点、见解、理论，就属于驳论性毕业论文。驳论文除按立论文对论点、论据、论证的要求以外，还要求针锋相对，据理力争。从本科毕业论文的学术积累及阅历来看，以立论性论文为主，驳论性论文较少。因为驳论性论文对作者的学术水平要求较高，同时，需要驳论者具有较强的逻辑思维能力。在学术期刊论文中，学术权威的驳论最具影响力和代表性，大学生可以据此进行探索性研究。

在基础教育研究过程中，一些重大问题驳论引起了广泛的重视。如钟启泉先生针对王策三先生《认真对待“轻视知识”的教育思潮——再评由“应试教育”向素质教育转轨提法的讨论》所批评的我国课程创新就是轻视知识的提法，提出了反驳意见。在王先生看来，课程的本质是知识，知识好比一个百宝箱，教学的主要工作就是将知识打开，内化与外化，中小学整体上要以讲授教学模式为主，应试教育其实没什么不好等。为此，钟先生提出让学生习得知识是课程教学的基本课题，学校中的课程教学就是使学生习得知识的重要场所。问题是，对于学生来说，知识是真正的知识，什么是有价值的知识，什么是实现每一位学生全面发展的教育，为此作者围绕知识，学习与课堂文化概念进行层层分析，借以明确课程创新的概念重建基础。本文就是一篇较好的驳论文章。如作者提出：①

时至今日，尽管依然存在对知识的不同理解，但已达成共识的是：知识不是游离于认识主体之外的纯粹客观的东西；学习过程也不是打开“知识百宝箱”向学生移植信息那么简单机械。学习乃是学生建构的。倘若没有学生积极地参与他们自身的知识表达，学习就不存在。从知识社会学的观点看，知识是由认知主体与外在世界进行社会互动，即个体与社会文化价值互动的结果。教师的知识无法硬生生地“灌输”给学生，必须靠自己建构知识。换言之，知识兼具主观性与客观性。特别是非语言化的感受作为知识的主观成分是构成知识之意义的要素，缺乏这些主观的成分则无法形成知识的意义。这种能动形成或者整合经验的力量，波兰尼谓之“默会知识”，他认为，这是形成知识所不可或缺的力量，具有重要的价值。“默会知识”不同于“明确知识”，它不假言说，不可言喻，无法客观地编码或表征出来，即如影随形跟着每一个人，成为形成个体知识意义的知识观着眼于认识活动的“建构性契机”，并不意味着轻视或是排斥“反映性契机”。事实上，即便是建构主义的代表人物之一皮亚杰也是把认识过程视为“反映性契机”与“建构性契机”这两种契机的辩证发展过程。……这就是王先生所说的课程本质是知识的涵义。这种知识游离于丰富的现实生活之外，以其所代表的知识权威性、绝对性成为每一个学生顶礼膜拜的对象。

（三）按研究问题的范围划分

按研究问题的大小不同可以把毕业论文分为宏观论文和微观论文。凡具有国家全局性、带有普遍性并对局部工作有一定指导意义的论文，称为宏观论文。它研究的面比较宽广，具有较大范围的影响力。反之，研究局部性、具体问题的论文，是微观论文。它对具体工作有指导意义，影响的面较窄。

① 钟启泉．概念重建与我国课程创新［J］．北大教育评论，2005（1）：48-57.

不同学者基于自身的学术积累与学术地位，在涉及本领域的学术研究时，探讨的问题大小不同。对于某学科的带头人以及知名专家学者通常会讨论一些宏观问题，高屋建瓴，大处着眼，从而发挥方向引领作用。如随着高等教育分类发展的政策导向，一些地方积极发展应用型本科院校，而应用型本科院校在我国属于新生事物，各个地方在实践中千差万别，政策不一，措施有别，如何引导本科应用型高校准确定位，科学发展成为当务之急。潘懋元先生就该问题进行了前瞻性思考，明确提出了应用型大学的办学定位、专业定位、服务面向定位、教学定位与人才培养定位等。[①]

应用型本科院校发展目标制定，必须建立在自己的办学特色、办学质量与效益之上，要紧紧围绕应用型创新人才的培养进行。一方面要大力培育自身的特色，提升应用型本科院校整体办学实力和核心竞争力；另一方面，必须从实际出发，围绕社会需要，培养应用型创新人才。……应用型本科院校要深入分析本地经济与社会发展对人才的需求，调整专业或专业方向，及时增设当地经济与社会需求的应类性专业，为当地经济与社会发展培养所需要的各种应用型创新人才。同时以灵活实用的课程设置来培养具有多种技能的学生……应用型本科院校必须明确主要为地方培养人才的根本任务，主动适应科学技术、教育文化和经济建设的需要，一方面坚持为地方经济和社会发展服务，另一方面尽力以地方为依托，不断拓展学校自身的生存与发展空间……应用型大学必须大力推进产学研合作的教育及实践教学，突出产学研相结合的办学模式……应用型大学应既有别于传统本科院校培养的学术型人才，又有别于高职专院校培养的技能型人才。

（四）综合型划分

还有一种综合型的分类方法，即把毕业论文分为专题型、论辩型、综述型和综合型四大类：

1. 专题型论文

这是在分析前人研究成果的基础上，以直接论述的形式发表见解，从正面提出某学科中某一学术问题的论文形式。这一种类型是本科毕业论文的主体，作者主要立足于某一专业基础理论，根据导师或学生本人的实践经验和学术兴趣从正面选择一个问题，明确表达自己的观点，收集相关数据，结合他人的支持性观点，按照逻辑顺序，层层展开，进行专门研究，证实自己的观点。

---

① 潘懋元．略论应用型本科院校的定位［J］．高等教育研究，2009（5）：35-38.

2. 论辩型论文

这是针对他人在某学科中某一学术问题的见解，凭借充分的论据，着重揭露其不足或错误之处，通过论辩形式来发表见解的一种论文。另外，针对几种不同意见或社会普遍流行的错误看法，以正面理由加以辩驳的论文，也属于论辩型论文。这一类型的学术论文主体内容以批驳为主，最后的观点与结论从同对方的论辩中产生，作者在结论中仍然要表达自己的观点，但行文的主体是以批驳为主。这同专题型论文中自己提出观点，通过收集支持性数据与论据以证明自己的观点有明显不同。

3. 综述型论文

这是在归纳、总结前人或当下对某学科中某一学术问题已有研究成果的基础上，加以介绍或评论，从而发表自己见解的一种论文。综述性论文也是学术论文中的重要组成部分，通过综述有助于对某一学科的研究进展进行分析，判断该学科已有研究中存在的突出问题与发展趋势，不仅是自己以后研究的基础，也是为他人研究提供历史线索。如有的就“素质教育”问题进行专题综述研究，分析素质教育概念、措施以及未来走向，特别是2009年为庆祝建国60周年，近期发表了一些有关60周年的学术论文，如教育理论研究、高等教育研究60年有关专题论文，对建国60年来的相关领域及问题研究进行系统整理，展现了某一学科或专题发展的现状、问题与趋势。

4. 综合型论文

这是一种将综述型和论辩型两种形式有机结合起来写成的一种论文。这类论文通常问题意识较浓，学术视野较宽，研究基础较深，能够站在某一学科的高度进行系统分析与论述。也是大学本科毕业论文可以尝试的文本类型。

四、毕业论文的功能

学生从事毕业论文创作不同于专业研究者专题学术探讨，前者主要是以一个学习者的身份，选择某一个较小的问题，综合运用所积累的专业理论与实践经验进行尝试探讨，而后者的职责在于对某一问题进行细致研究，试图提出这一问题的背景、缘由与问题，最终能够带来问题的解决以及形成系统化的知识体系，因而这种研究是一种规范的、任务性的以及解决问题的研究。尽管如此，作为一种学习与研究规范训练与知识积累，毕业论文仍然属于科研的范畴，需要在导师的指导下对某一有价值有意义的问题进行探讨，这种问题仍然属于具有“问题”性质的，而不是没有问题的一般性学习与分析，它需要进一步探讨提出该课题存在的问题与原因分析，需要在相关因素分析基础上提出解决问题的思路与方案，或者对学科体系梳理与延伸。由此看来，毕业论文具有规范性科学研究一般功能。

（一）毕业论文的基本作用

1. 描述事实

事实是实际存在的事物本身，而事实总是通过现象表现出来，没有不表达事实的现象，不管这种现象传递的是真实的或者虚假的信息，其直接或间接都同事实本身有关。对于事实的了解其前提是对于事实所呈现现象进行汇总。对于科学研究而言，对事实所呈现的现象不同于一般人对于现象的了解，大众话语通常以民俗方式表现出来，更多受到大众心理因素的影响，民俗所呈现的现象描述及话语表达，有的可能存在偏见或谬误，如左眼跳财，右眼跳灾；夜猫子进宅，无事不来。有的确实展现了大众智慧，具有一定的科学性，如立春天渐暖，雨水送肥忙；八月十五云遮月，正月十五雪打灯。无论是科学还是感性认识，民俗都是一代代人不断传承下来的东西，反映了自然现象或心理现象的某些层面，体现出现象的历史性与一般特征。至于其正确与错误则需要更进一步的研究，属于现象分析问题。而现象的分析基础是对于现象的描述，或者接近于事实的描述。

由于事实呈现的现象有的是事实本身直接呈现的，如经济危机中出现的一系列经济发展数据，教育问题中教师对于学生体罚行为；有的则是间接呈现的，通过一系列关系展现出来。比如云同雨的关系，云同风的关系以及云同地震的关系等，因而对现象的表述不同于现象本身，而是涉及对于这一现象同其他现象的关系，是一种关系分析。就教育问题而言，面对高等教育大扩招形势，可以对大扩招以后历年来的数据进行统计分析，提供系统的扩招数据资源，但更多的是对扩招同就业之间的关系分析，把扩招同大学教学投入联系在一起，将扩招同经济发展联系在一起，这些关系的梳理本身就是一种描述，从而为揭示问题、提供对策奠定基础。有的则以历史过程展现出来的，如社会历史发展的规律，无法通过当下的社会状态去描述，所谓的全息理论难以在历史横断面展示出来，必须在历史的长河中找到反映过程演进的素材。就其方式而言，可以通过语言文字的形式进行展现，通过逻辑推理的方式进行记载，也可以运用数据或图表的方式直观展现。

基于不同的专业领域，大学生毕业论文依托其所从事的专业理论，结合现实问题进行研究。学生在指导教师的指导下，与教师一起选择一个真实的问题进行探讨，通过查阅资料进行现状梳理，真实记录其现状与素材，分析事物的活动方式、基本要素及内部结构。对于事实的描述可以从不同角度不同层面不同方式进行。有的从历史角度，对已有研究过程进行梳理，对事物的发展历史真实再现；有的采用调查统计的方法，通过问卷进行统计分析，对所要探讨问题的现象及成因进行统计；有的从横向角度，对不同地区进行比较分析，寻找相应的共性与差异素材；有的对所要探讨的问题进行实验，通过实验把所观察的数据如实记载下来。在事实的描述方式上，有的以文字方式，有的以图表方式，有的则以工作流程形式加以体现。

2. *解释现象*

现象有时是混乱的，甚至是不可理喻的。就像是犹太人的割礼同非洲土著人的割礼，虽然都是割礼但其根源和本意是全然不同的。因而现象需要解释，由此区分出真相与假象，透过现象去认识的真实面貌。就其真相与假象而言，我们平时所接触的事物本身仅仅凭借一般的感受可能难以认识到其内在真实面貌，有时会被假象所迷惑。正如《两小儿辩日》所示，孔子东游，见两小儿辩斗，问其故。一儿曰："我以日始出时去人近，而日中时远也。一儿以日初出远，而日中时近也。"一儿曰："日初出大如车盖，及日中，则如盘盂，此不为远者小而近者大乎?"一儿曰："日初出沧沧凉凉，及其日中如探汤，此不为近者热而远者凉乎?"孔子不能决也。不仅自然现象，人们日常交往也是如此，有人善于交往，能够在不同场合游刃有余，有的人则不善言辞，社交能力较差，但并不能由此推断能言善辩的人有能力，品质高尚，相反，有时那些沉默寡言的人能够在人处于困境时提供无私的帮助。这就需要对这些现象进行深入研究，从表象中找出一般性规律，对真相所呈现的行为进行分类与总结。就现象与认识而言，事物所呈现的现象对于一般人来说可能不构成意义，但对于科学的理解与生活而言，需要加以分析，了解现象形成的原因。如天气是一种自然现象，但天气影响着人们的日常生活，影响着交通、农业与业等各行各业，这就需要对天气现象进行研究，分析不同天气所呈现的表象与相应的天气之间的关系，因此也就有了看云识天气的科学问题。

因而，科学研究对事物的描述不是对事物所呈现的现象的语言或图表再现，而是在现象呈现过程中，能够分析现象所提供的线索，找出一般性规律，或者对现象背后所产生的问题及原因进行分析，找出现象所蕴含的矛盾与问题所在，是一种科学探讨。在现象揭示的过程中，它依赖于现象所形成的关系，因而其描述的价值与意义不是一种现象了解，而是一种现象所呈现的问题所在，属于科学研究的领域。大学生毕业论文所涉及问题，是在教师指导下所选择的真实问题，需要对问题所呈现的现象进行深度挖掘，找出问题的成因所在。如果说对于事实的描述主要在于呈现事实本身，回答是什么的问题，那么现象解释则涉及为什么的问题。这是揭开问题的表象，使问题呈现在学生面前的过程，既是对于学生的问题意识的考察，也是对于学生专业基础与逻辑思维的判断。

3. 预测趋势

除随机性问题外，自然现象与社会现象所呈现的问题带有普遍的特性，如资本主义制度下经济危机频繁出现，元素周期表，白天与黑夜轮回，日食与月食现象等，都遵循着一定的发展与演化规律。科学研究旨在对于某一看似偶然的现象，通过科学假设，经过复杂的研究过程，由实践到理论、再由理论到实践的过程，一步一步抽象，进行逐步概念化与范畴化，保留具有强大解释力的核心范畴，借此寻找出其中普遍的原因，验证假设的正确与否，反复循环，建立新的假设，进而对类似问题找到一个普遍化的解释或一般原理。由此看来，科学研究的功能不仅在于解决当下的问题，还在于发现以后可能再次出现的问题，增加现象与问题的预测功能。

科学研究所具有的预测功能，可以为企事业单位的改革与发展提供决策，使决策者在科学研究的引导下从纷繁多样的现象中找到问题的根本原因，找出所要解决问题的关键点，使决策具有科学性，使问题的解决更具有针对性。特别是在未来制订发展规划以及重大工程时，更需要具有问题的前瞻性，要有科学的预测功能做依托，发现事物发展变化的一般趋势和主要特点，分析影响决策及问题的主要矛盾以及矛盾的主要方面，抓住变量中的核心变量，做出符合实际的决策，增强决策的可行性。同时，科学决策包括了危机干预，决策不只是为实现未来的战略目标，获得科学决策所带来的收益，其决策过程也包括避免可能出现的自然灾难以及由不正当决策所可能带来的负面影响。如市政工程中施工与空气质量的关系问题，如果城市道路建设过程中，只考虑工程进度，不考虑行人安全以及噪音污染，那么工人在施工过程中就会不注意灰尘清除问题，随意堆放泥土，不做任何覆盖，就会给行人与居民生活带来不便与伤害。相反，如果进行科学的研究，找出行人出行频率与规律，根据不同时节的天气情况，就可以调节施工时间，预备防尘措施。一些自然现象以前看似属于人类无法解决或者难以抗拒的问题，现在可以在科学研究的基础上，进行科学预测。如地震前的一系列征兆，可以作为预测地震出现与否的一些经验，对于这些问题就可以借助先进的仪器设备进一步探究，从而减少地震对人类可能造成的危害。

4. 改进行为

科学研究在分析问题成因，揭示事物的发展规律，为提出决策以及危机干预提供理论与技术依据的同时，重点还在于如何改进行为，主要表现在：（1）调适政策。做出决策时需要借助于调查研究，考虑决策对象的各种影响因素，提高决策的科学性与合理性。由于决策主要在方向以及重大举措方面发挥作用，在决策走向实践的过程中还需要适时根据环境以及一些随机因素调整发展策略。如经济危机背景下，面对各国出现的贸易保护主义情况，在出口难度不断加大的背景下，需要适时调整发展策略，调整经济结构，重点发展改善民生工程有关项目，增加民生工程投入，通过拉动内需带动经济增长。如通过教育、医疗的改善，扩大居民的消费，不断改善经济增长的结构和质量，进而在实现经济发展和改善民生之间形成一个更加良好的互动关系。（2）创新制度。制度是改进行为的重要方面，也是决策之后必须加强建设的方面，同时决策本身也包含着制度建设，通过制度建设为决策走向实践提供良好的平台，实现由因人管理转向制度管理。如人文社会科学研究中，特别是教育研究中有关对策研究居多，在分析某一问题产生的原因的同时，都会提出包括制度改进的相应对策。（3）调整行动。科学研究成果除了部分需要保密之外，绝大多数成果是公开接受审视与评判的，成果的价值是面向公众的，是一种公益行为。科研成果既面向特定人群，如管理者，为其决策提供帮助；有的则面向非特定人群，相关人员都可以从中汲取营养，成为提供行动指南、改进集体与个人行为的重要参照。

特别是在目前各行业发展中缺乏理性思维的背景下，尤其需要更加重视科学研究的功能，增加调查研究的份额，使决策有着更强的现实依据，推动决策在环境中动态调整，增强发展的合理性。如当前城市发展进程中，为了提升 GDP 数量，提高经济收入总量，增加即时性的经济收入增长点，致使经济结构失衡，发展效能粗放，发展质量偏低。因而，经济社会发展如果不能遵循科学规律，没有前瞻性思考，就会重现工业经济时期出现的许多问题，如重工业、轻农业，重产值、轻环保，重形象、轻民生等一系列问题。其实，这些问题都可以出现在学生的毕业论文中，成为学生参与研究的现实课题。

（二）毕业论文的作用范围

1. 服务决策

目前，毕业论文选题在专业理论与技能基础上，注重从社会发展现实需求中选题，考虑区域社会发展的现实需求，对于提供基础数据以及为决策提供建议的研究，可以在不同层面的决策中发挥作用。一是表现在政府决策中。社会发展对政府行政能力提出了更高的要求，有权力并不能代表能够行使权力，有决策并不代表决策合理性、合法性与效能性。政府决策越来越同科研机构及学术研究相结合，不断增强决策的科学性，彰显行政能力。如 1999 年，《中共中央国务院关于进一步深化教育改革全面推进素质教育的若干规定》出台，同素质教育的前期研究密不可分；湖南省正在实施的“长株潭一体化综合改革实验区”，同之前启用一批涉及湖南大学、省社会科院以及国家社科院专家进行综合论证有关。目前，我国准备出台的《国家中长期教育改革和发展规划纲要》集中了全国基础教育、高等教育、教育技术与成人教育等领域一大批专家，他们长期驻守研究基地进行科学论证，为政府决策献言献策。就一般性的决策而言，如市政发展规划、农民工培训以及地方教育发展规划等问题的决策都离不开相关专家的支持，离不开相关问题的研究。二是表现在各行业决策中。事业单位发展规划如高校教育事业发展规划，企业出口战略以及投资方向决策等，离不开专业人员的支持，都需要进行科学的市场调研、规范的研究与科学的预测。如作为全国500强的三鹿集团，是国家确定的农业产业化龙头企业，由于质量管理方面的决策程序失误，给职工、奶农以及广大消费者造成重大影响，带来不可挽回的损失。这同企业生产模式与质量监控决策失当有关，同领导集体缺乏企业管理的专业知识有关。三是表现在个人决策方面。个人的发展也需要发展规划意识，全面了解个人的学业基础，综合分析外部职业环境的发展与变化，如当前的大学生就业问题，个人在市场就业机制面前，如何认识就业岗位的稀缺性，就业环境的复杂性以及不同岗位就业的价值与意义，直接关系到个人如何选择就业岗位问题。

对于地方本科院校而言，不同专业的学生对不同层次的问题都可能涉及，不过，在传统观念中，过于宏观的问题不是本科阶段所能够解决的。实际上，学生解决问题的资源与能力确实十分有限，无法系统解决一些宏观问题，但这并不影响学生从某一视角关注宏观问题，选择其中一点进行研究。如对于城市发展规划决策，教育专业的学生可以从学校布局角度进行探讨，经济学专业的学生可以对私营企业发展现状与问题进行研究，交通专业的学生可以对城市道路进行专题研究，这些不同的研究视角都可以从某一个方面为决策提供有益的启示。

2. 服务实践

服务实践是科学研究的职能之一，不仅决策需要前期细致的研究，而且决策之后的执行、检查与评估等，都需要科学研究的支持，在规章制度不断完善以后，实践中的许多活动都会遇到相应的问题，这些问题有的是在预料之中，是活动必然产生的问题，而有的则是一些无法预料的问题，需要在实践活动过程中不断加以调适的。如大扩招政策实施以后，教学质量则是从开始应该能够预料到的，但对于毕业生就业问题的难度则是在当时条件下难以设想的，特别是在经济危机发生后，就业难度加大给大学生就业带来了更大的困境，也给社会稳定带来了考验。就教学质量而言，决策部门所预料到的教学质量问题并没有估计会达到何种程度，以及哪些核心因素影响着大学教学质量，教育部在推行教学质量工程过程中所从事的有关内容有些并没有抓住要害，相反，有些却在形式上起着推进作用，那些真正对学校教学质量发挥作用的教师并没有在教学质量工程中享受到利益，如近期所评选出的教学成果奖，有相当数量的成果是学校行政领导人所为。这些非教师主体的现象，需要在实践过程中进行细致研究，找出问题的症结与对策。

毕业论文所涉及的研究课题也具有相应的功能，无论是对于宏观问题，还是微观问题，都可以通过毕业论文的形式进行初步研究，这些研究并不需要大学生能够提供完美无缺的方案与建议，而是在教师指导下，找到发现问题的方法，以及通过个性化研究提出解决问题的一些有益的思考与建议。只要这些探索能够达到足够的数量，从不同侧面进行探讨，都可能会提供有益的启示。但由于大学本科毕业论文的非公开性，即本科学生的论文发表的数目较小，只是作为档案保存，难以上升到政府决策层面，很少走进广大公众视野，但是这些经过严谨学风训练的学生在走进社会各个行业之后，都可能在其工作岗位上发挥作用，进而在工作实践中碰到相应问题时能够从科学研究的视角探查问题，分析成因，提出一些较有价值的解决方案，增强实践的科学性与可行性。

3. 发展学术

根据毕业论文的教学目的，大学生毕业论文主要在于通过规范的科研活动，使学生掌握有关科学研究的基本规范，提高学生的理论思维水平，发展学生分析问题与解决问题的能力，提升学生专业理论的应用水平与理论素养。学生在毕业论文教学过程中，不仅增强了理论与实践结合的能力，促进学生的专业理论应用能力，同时，在调查研究与文献分析的过程中，通过对相应问题的解决，在一定层面上也丰富了相关学科知识体系，增进学术进步。所谓学术是对自然、社会与人生、事象所作的反思与总结，是较为专门系统的学问。[①] 同时，在博耶看来，学术不仅是指专业的科学研究，通过研究发现新的知识是学术的一个方面，除此之外，学术还意味着通过课程的发展来综合知识，成为一种应用的学术，即发现一定的方法去把知识和当代问题联系起来，并通过咨询或教学来传授知识的学术。[②] 由此看来，学术的外延已由先前系统化专门的知识体系不断转向基于探究而获得的知识综合、知识应用以及知识创新，作为原始创新而生成的知识只是学术之中的一个组成部分，还包括其他知识类型。

这样，大学生在教师的指导下，其选题本身就体现了一种学术生成的一个环节，哪些问题是一个真实的问题，是学生可以凭借现有资源研究的问题，以及这

---

① 蒋寅．学术的年轮［M］．北京：中国文联出版社，2000：89.

② ［美］欧内斯．L．博耶．关于美国教育改革的演讲［M］．北京：教育科学出版社，2002：78.

一问题是否具有一定创新意义，是否能够带来一定价值的问题等等，这些都体现着学术工作的内涵。在具体的研究过程中，需要对某一问题的已有研究进行综述，对已有研究进展及存在问题进行分析，以及通过自身相对独立的研究，提出明确的研究观点、解决问题的策略与政策建议等，都属于学术工作内容，其研究综述、提出的观点及相应的论证、解决问题的思路与办法在不同程度上发展知识体系，生成新的学术。如论文《小学语文教材中故事的真实与创意研究》，通过对某个出版社小学语文有关中外名人及英雄故事进行统计分析，在查找相关资料的基础上，提出小学语文的教材故事具有非真实性与创意性观点，提出这一编撰手法存在的优势与不足，并据此提出根据小学生年龄特征，强调语文的情境性与故事性的策略与方法。其中所涉及的统计数据批判了小学语文名人故事真实性的传统定势，提出了故事创意性的自身价值，以及可能存在的影响，属于学术研究的内容，并在某种程度上发展了新知识。

4. 影响社会

通过基础研究、应用研究与开发研究三种不同类型的科学活动，科学探究对学科、个人以及社会带来不同的影响：基础研究侧重于学科知识探索，通过科学知识的拓展为社会发展提供原动力；应用研究专注于现实问题，提供各行业管理改进、制度变革与技术发展的制度与措施；开发研究把成果直接推向市场，促进传统产业结构调整，形成新的产业类型，打造新兴市场。与此同时，科学研究过程中对于知识与技术现状的综述，对于相关问题的思考，对于研究成果的发表能够通过人际传播、媒体传播等途径，传递个人的学术价值观，引导社会舆论，促进社会进步，推进社会改革。

学生在撰写毕业论文的过程中，结合学科专业基础理论与专业技能，在相关问题的探讨过程中，通过以下途径传播学术观点，引起社会关注。首先是学术讨论。学生群体之间、学生与导师之间以及学生同社会相关利益人之间，对某个问题的调查与讨论，形成有关主题的个人见解与主体际性交流。如有的学生选择返乡农民工创业进行研究，在农民工调查与访谈、与政府相关部门交流，以及同用工单位问卷调查过程中，不仅积累了农民工返乡创业的原因及问题进行了解，而且在此过程中传递了学生对于农民工生存状况的观点，表达了学生个人与群体对当下社会现实的问题强烈关注，形成当代大学生同社会发展同呼吸共命运的历史使命感。其次通过论坛及报纸杂志表达学术观点。以省教育厅为主导，每年都有大学生优秀毕业论文评选，有的结集出版，把优秀毕业论文推向社会。有的高校据此出台优秀毕业论文表彰办法，形成优秀毕业论文集，供相关专业的学生学习与交流。有的学生在导师的指导下，独立或合作发表学术论文，向公众传达个人的观点。

第三章　毕业论文质量的现状分析

毕业论文是本科教学体系的重要环节，也是衡量学校办学水平的重要指标，毕业论文质量如何直接反映着学生基本理论、基础知识和基本技能发展程度，体现着学生科学研究的能力高低。多年来，毕业论文一直是本科教育备受关注的热点问题。如前所述，特别是在当前就业压力不断增大的背景下，这一问题讨论更为热烈，其核心问题就是本科毕业论文的质量问题。本研究采用定性研究与定量研究相结合的研究方法，对有代表性地方本科高校的毕业论文质量的现状进行调查和分析，为毕业论文质量改进奠定基础。

一、研究方法

（一）问卷调查

1. 调查对象

本研究在不同省份四所高校甲、乙、丙、丁的本科毕业生中采用随机抽样的方法抽取调查对象，发放问卷480份，回收有效问卷424份，有效回收率为88.3%。

2. 调查工具和方法

（1）调查工具

调查实施采用自编问卷。问卷调查的主要内容包括对毕业论文的认识、毕业论文的选题、毕业论文的时间安排、指导教师的基本情况、毕业论文所采用的研究方法、文献资料的数量和来源、学术规范、毕业论文的答辩、毕业论文的质量保障、撰写毕业论文的体会等方面。

问卷分为两个部分，第一部分为封闭式问题，每一个问题都有几个答案供选择，但只能选择一个最接近想法的答案。第二部分为开放性问题，如“您认为毕业论文需要改进的地方是什么?”设计开放性问题主要是为了避免问卷调查的主观性和片面性，让被调查者有发表自己观点的机会。

问卷初设后，邀请毕业论文的指导教师、教学管理部门的负责人和有关教育专家对问卷提出修改意见，经过几番修改最终定稿。

（2）统计方法

问卷调查结果采用 SPSS11.0 统计软件对数据资料进行相应的统计分析。

（二）访谈

1. 访谈对象

随机选取 40 位高校毕业生、10 位毕业论文的指导教师、4 位学院负责教学工作的副院长、5 位教学管理部门负责人作为访谈对象。

2. 访谈方法

访谈采用的主要是面对面的访谈方式。与学院负责教学工作的副院长或有关教学管理部门的负责人访谈，由于时间上的不便，有的采用辅助性的电话访谈形式。访谈内容主要围绕毕业论文功能、重要性、本科毕业论文中存在的问题及其原因和改进的对策等几个方面进行。

二、结果与分析

（一）价值观念

本科毕业论文是本科教育中很重要的实践环节，承载了毕业生学位资格的评价功能，是提高学生发现问题、分析问题和解决实际问题能力的重要途径，是对学生综合能力检测的途径之一，因而毕业论文在其应用性上成为教学计划的核心实践环节。不过，现实中学生对毕业论文的认识如何，需要倾听学生的心声。通过调查我们得出如下的统计结果，见表 3－1。

表 3－1　对毕业论文的认识

题目	题项选择	频数	百分比%
毕业论文是否是获得学位的必备条件	是	288	67.9
	否	136	32.1
毕业论文重在考察	专业理论	53	12.5
	专业技能	124	29.2
	综合素养	247	58.3

结果显示，67.9% 的学生认为毕业论文是获得学位的必备条件，但也有 32.1% 的学生认为没有必要做毕业论文。针对毕业论文重在考查学生哪些方面的能力，学生的认识也不尽相同，只有 58.3% 的学生认为是重在考察学生的综合素养。

在访谈中，学生们也承认在本科生中确实存在一定比例的不重视毕业论文的学生，抱着应付了事的心态，认为只要走过场就行，精力投入严重不足。有的学生为了找工作，不能专心准备毕业论文，认为毕业论文的成绩再好，与找工作的关系不大；有的学生已经签约，认为签约单位并不重视毕业论文的成绩，而学校会出于同情而弱化毕业论文关卡，让自己能够拿到毕业证书，于是就出现了“走过场”，敷衍了事的现象。也有部分学生提到，虽然知道毕业论文很重要，但自己动手写太难了，不知道如何研究，他们在大四之前很少有人接触过论文写作，不知道科研论文是一个怎样的研究过程，缺乏科研训练的渠道。

在与指导教师的访谈中，被问及“在指导中遇到的最大问题是什么?”，很多教师认为“学生的态度不端正，不能正确对待毕业论文的写作，精力和时间的投入严重不足”。这说明了目前本科生对毕业论文不够重视的现象十分普遍，精力和时间的投入不足，已成为严重影响本科毕业论文质量的重要因素。

（二）选题质量

选题主要是确定将要研究的课题，解决“研究什么”的问题。选题是毕业论文工作的首要环节，也是实现毕业论文教学目的、确保毕业论文质量的重要环节之一。没有研究对象、研究目标和研究范围，论文的写作就无从谈起。影响选题质量的因素较多，有选题的参与度、选题内容、选题难度、开题论证等方面。

1. 学生参与度

表 3-2 选题中的学生参与度

题目	题项选择	频数	百分比%
选题的参与度	高	42	9.9
	一般	210	49.5
	低	129	30.4
	没有	43	10.1
选题指南的制订应由	学生	35	8.3
	教师	56	13.2
	教师和学生	296	69.8
	无所谓	37	8.7

学生在选题过程中参与度的高低，直接影响学生做毕业论文的积极性。如图 3-2 所示，结果表明：目前高校毕业论文选题的参与度不高。认为参与度高的学生仅占 9.9%，而认为参与度低甚至没有的学生占 40.5%，这与学生们的期望仍有一定差距，69.8% 的学生希望毕业论文的选题能由教师和学生共同商定。在

访谈中，我们也了解到，关于选题的确定，不同学校不同专业的操作方法有所差异。关于选题的操作有两大类：有些是由学生自己选题，指导教师修改后确定；有些是由每个指导教师根据自己熟悉的领域列出几个研究课题，学生根据自己的兴趣从中选择课题。多数学校采用后一种方式，认为这种方式可以避免学生在选题时的盲目性，以及可能造成的选题不当。访谈中，学生也表示在选题的过程中需要教师指导，但希望与教师共同商定题目，认为比较理想的方式是指导老师根据自己熟悉的领域列出几个研究范围，学生根据自己的兴趣从中选择，并与指导老师共同商定具体的论文题目。

2. 选题的内容

毕业生必须明确打算研究什么学科、哪个方面以及何等层次的课题，进一步确定本选题研究的主要内容有哪些。从选题的内容上可以看出，大多数学生比较关注社会，36.3%的学生选择与社会发展相关的学科问题，28.8%的学生选择了与学科相关的社会热点问题，这反映了学生普遍关注社会实际问题，希望深入了解社会，融入社会，见表3－3。

表3－3　选题的内容

题目	题项选择	频数	百分比%
选题应关注	学科前沿	43	10.1
	学科热点问题	105	24.8
	与社会发展相关的学科问题	154	36.3
	与学科相关的社会热点问题	122	28.8

3. 选题的难度

毕业论文同学生自身条件紧密相关，选题深度、广度和难度离不开学生的学术积累与实践经验，这是学生能顺利完成毕业论文的基础。在访谈中，多数学生认为选题适当，可以按时完成。也有些学生表示，喜欢从事参考资料充足，难度小的题目。相关教学管理人员和指导教师也指出选题质量有待提高，有些选题缺乏创新，多年来变化不大；有的选题范围太宽，学生只能泛泛而谈；有些学生仅根据自己现有的资料来确定自己的选题，而在写作过程中一旦发现资料不足时，不愿继续收集资料，中途改换课题，也有一些学生硬着头皮写下去，对选题内容把握不准只能凑字数，要么小题大做，要么大题小做。

4. 开题论证

课题选择后，在进入正式的研究之前，需要对课题的科学性、可行性、计划性等内容进行论证。即在相关教师组成论文开题组的帮助下，对课题进行再次分析、预测和评价，从而有效地避免选题的盲目性。对学生来说，开题论证是接受教师集中指导、同学相互学习的好机会。但在访谈中发现，多数学生对开题论证的意义不清楚，不愿意进行开题论证，甚至有少数学生不知道有开题论证这一环节，这足以说明学校不重视开题论证管理，学生不重视开题论证环节。在访谈中，部分指导教师表示虽然学校要求有开题论证这一环节，也有相应的表格需要填写，但在实际操作中，有些只是作为形式进行处理，督促学生填写相关表格，没有真正论证过程。可见，如果毕业论文管理条例或评定标准中没有必要的约束和监管，开题环节及其功能会名存实亡。

（三）时间安排

本科毕业论文的时间安排与论文质量有着直接的关系。只有时间得到了保证，才能为论文质量提供可能。目前高校本科毕业论文的时间一般安排在大四学年度，部分学校在大四的第一学期期末安排学生选题、组织相应的开题论证，在大四的第二学期安排毕业论文的写作与答辩。也有一些学校把整个毕业论文的时间全部安排在大四第二学期。这一时间安排与学生求职、考研及复试的时间冲突，因而很多学生认为时间紧，部分学生就从网上下载一些文章东拼西凑。在调查中，发现78.8%的学生希望将毕业论文选题的时间提前到大三甚至更早的时间，或者在平时的课程论文中严格把关，提前训练，将毕业论文安排在整个学习过程中，以此保证毕业论文的质量，见表3－4。

表3－4　选题的时间安排

题目	题项选择	频数	百分比%
选题时间应该在	二上	16	3.8
	二下	57	13.4
	三上	117	27.6
	三下	144	34.0
	四上	90	21.2

本科毕业论文与其他课程不同，要求学生在教师的指导下自主完成，在时间上和空间上学生有更大的自主支配权利。这就要求学生必须要有很强的自控能力，切实做好毕业论文的时间规划。在访谈中，指导教师和学生表示，多数学生的自我要求都比较严格，时间抓得比较紧，能够按照规定时间完成毕业论文的各项工作。但也有一些学生自我要求一般，时间浪费严重，往往是在指导教师催促

时匆匆完成，质量无法得到保证。

（四）指导教师

作为教学环节，毕业论文是在指导教师的指导下完成的，因而指导教师在毕业论文中起着重要的作用。指导教师既要传授专业知识，培养学生发现问题、分析问题、解决问题的能力，又要培养学生的科学精神和科学态度、严谨的工作作风以及良好的科研习惯。因此，指导教师的责任心、科研水平和精力投入直接影响本科毕业论文的质量。

1. 指导学生人数

表 3-5 指导学生的人数

题目	题项选择	频数	百分比%
实际指导学生人数	1~5	79	18.6
	6~10	137	32.3
	11~15	135	31.8
	16~20	52	12.3
	21 以上	21	5.0
指导学生人数最好是	1~5	166	39.1
	6~10	142	33.5
	11~15	77	18.2
	16~20	24	5.7
	21 以上	15	3.5

由于高校近年来连续扩招，学校规模不断扩大，毕业生人数不断增加，尽管高校加快了引进人才步伐，但教师数量的增加跟不上学生数量增长的速度，生师比过高，致使教师的工作超负荷运转，许多指导教师处于不愿但又不得不多带学生的尴尬境地。从表 3-5 中，我们可以看出有 49.1% 的教师指导的学生超过 10 人。其中，17.3% 的教师指导的学生超过 15 人，5% 的教师指导的学生甚至超过 20 人。教师的精力和时间有限，一名教师指导的学生人数过多，教师对学生指导的平均时间就会减少，过多的学生直接影响了学生的毕业论文质量。学生也普遍感到指导教师指导人数过多，39.1% 的学生希望教师指导的人数控制在 1~5 人，33.5% 的学生希望教师指导的人数控制在 6~10 人，期望能够从指导教师那里获得更多、更详尽的指导。在访谈中，指导教师也普遍谈到这一问题，认为目前由于学生人数的增加，教师本身的工作量很大，再指导更多的毕业论文，时间

和精力上严重不支，与学生的交流和沟通明显偏少，难以保证毕业论文质量，同时提出，希望减少学生论文的指导数量，最好控制在6~8人左右。

2. 教师职业伦理

指导教师时间同职业伦理一样，是影响毕业论文的重要因素。指导教师的责任心体现在能否按时辅导、对学生是否严格要求、针对学生的毕业论文是否提出有针对性的意见或建议、是否按规定填写《毕业设计（论文）指导教师指导记录》等方面。一个有责任心的指导教师会及时与学生沟通交流，对学生交上来的毕业论文仔细阅读，提出修改意见，从初稿到定稿严格要求学生进行多次修改，直到符合毕业论文的标准和规范。而一个责任心不强的指导教师则往往缺乏与学生的有效沟通和交流意愿，给予学生的指导较少，对学生的要求也不够严格，甚至认为不需要对毕业论文的质量太过认真。

表3-6　指导教师的责任心和职责表现

题目	题项选择	频数	百分比%
从初稿到定稿实际修改	一次	22	5.2
	二次	68	16.0
	三次	167	39.4
	四次	79	18.6
	四次以上	88	20.8
从初稿到定稿应该修改	二次	23	5.4
	三次	109	25.7
	四次	132	31.1
	五次	57	13.4
	五次以上	103	24.3
指导教师的职责表现	很好	57	13.4
	好	170	40.1
	一般	163	38.4
	差	16	3.8
	很差	18	4.2

表3-6的调查结果显示：大部分指导教师对工作的态度比较认真、负责，从初稿到定稿39.4%的毕业论文都要求学生修改三次，18.6%的毕业论文要求学生修改四次，20.8%的毕业论文要求学生修改四次以上，但也有少数指导教师指

导次数偏少，仅要求学生修改一次或二次。调查结果也显示：学生对自己毕业论文的质量普遍不够满意，实际修改的次数与学生的要求仍有一定的差距，31.1%的学生认为从初稿到定稿应该修改四次，13.4%的学生认为应该修改五次，24.3%的学生认为应该修改五次以上。在访谈中，学生们也谈到在向指导教师请教时，多数教师能够耐心地给予指导，而有些教师指导不细，也有个别指导教师只是应付学生提出的问题，以忙为理由，推托论文指导任务。指导教师们则普遍反映日常的教学任务太过繁忙，直接影响指导学生毕业论文的精力与时间投入。同时教学管理人员在访谈中也提到了相关问题，在抽检毕业论文时，发现个别指导教师在指导不同学生时，所填写的指导记录基本相同，缺乏有针对性的指导意见。

对于指导教师的职责表现，绝大多数学生都持肯定的态度。13.4%的学生认为指导教师职责表现很好，40.1%的学生认为指导教师的职责表现好，38.4%的学生认为指导教师的职责表现一般，只有少数学生（8%）认为指导教师的职责表现差。根据指导教师的表现，我们大致可将指导教师分成三种类型：认真负责型、完成任务型、敷衍了事型。在访谈中，学生认为大部分教师是“完成任务型”，非常严格要求的指导教师不多，敷衍了事的指导教师也只是极少数。在与指导教师的访谈中，有的指导教师表示：本科生的毕业论文（设计）只是“走过场”，知道研究过程就行了，不必过于苛求；有的指导教师表示：如果严格要求的话，付出的工作量太大，精力和时间不够；也有少数指导教师表示：有些指导工作是摊派的，指导教师自己都不清楚要指导的问题，无法对论文进行细节上的修正。

3. 指导教师的指导能力

学生的毕业论文质量如何，指导教师的指导能力和水平是一个很重要的影响因素。一个具有较高论文选题指导能力的教师，能够指导学生根据自身的情况来确定符合自身特点的选题；具备指导学生文献资料检索的能力，能够根据毕业论文题目的需要，指导学生检索与该题目相关的知识、相关技术在国内外研究状况和应用状况，并指导学生对所搜集的资料进行阅读、分析，围绕设计题目做读书笔记、读书卡片或读书摘要；具备指导学生撰写开题报告和综述的能力，能够指导学生借助文献检索所获得的相关资料，结合自己的毕业论文题目，确立自己设计的总体方案，写出毕业论文的开题报告，并能够指导学生仔细研究文献检索所获得的资料，进行分析、归纳、概括和总结，在此基础上完成研究问题的综述，帮助学生确定毕业论文的起点和问题研究的侧重点；具备与学生良好的沟通能力，能够在不同阶段调动学生从事毕业论文写作的积极性，促进学生主动提问，主动调整。

表3-7的调查结果显示，8.0%的学生认为指导教师的论文指导能力很好，另外有39.6%的学生认为指导教师的论文指导能力较好，在论文指导时能做到师生互动和启发性的指导。但也有8.0%的学生认为指导教师的论文指导能力差，在指导过程中存在不管不问或完全代劳的现象，使教师的指导失去了目的和意义。学生们反映部分指导教师的指导不够具体和细致，对于学生毕业论文的内容框架不能进行有效的指导。在与相关教学管理人员和指导教师的访谈中，我们了解到近年来各高校均明文规定了指导教师的条件和职责，并限定指导教师指导的学生人数，但由于高校连年扩招，具有中级及以上职称的老师出现短缺，有少数院校助教也承担了指导学生毕业论文的任务，也有部分院校将一些刚走上高校教学岗位的硕士研究生充实到本科毕业生指导教师的队伍中。这些年轻的教师中有些人自身就缺乏严格的科研训练，更缺乏指导学生毕业论文写作的经验。同时，学院有时不能及时地安排指导教师进行业务培训，部分指导教师对本科毕业论文的基本要求和规范不太清楚，指导水平较低，不能对学生的毕业论文进行科学的指导。此外，在指导教师的分配上，有些院系采用的是分派的形式，有些指导教师指导学生所写的论文不是自己的专业，也直接影响论文指导的质量。

表3-7 指导教师的论文指导能力

题目	题项选择	频数	百分比%
指导教师的论文指导能力	很好	34	8.0
	好	168	39.6
	一般	188	44.3
	差	22	5.2
	较差	12	2.8

（五）论文写作

毕业论文无论在内容或形式上都有一定的要求，这也是考核论文成绩的基本依据之一。在具体写作过程中，毕业论文所采用的研究方法、参考文献的数量和来源、写作是否符合学术规范、其学术水平如何等问题是毕业论文质量中不可或缺的一环。

1. *研究方法*

科学方法的进步必然带来科学的突破，正确地运用科学研究方法，将更能有效地提高科研质量，更有效地解决科学理论和实践上的问题。因此，对学生而言，要掌握一门社会科学知识，不仅要学习这门社会科学的基础理论，更重要的是要掌握这门社会科学的研究方法。而要提高学生毕业论文写作的水平，则首先要求学生学习掌握毕业论文写作过程中所运用的研究方法。

表3－8 毕业论文采用的研究方法

题目	题项选择	频数	百分比%
毕业论文的方法应重	文献	29	6.8
	实证	79	18.6
	思辨	153	36.1
	上述不分先后	163	38.4

从表3－8的调查结果，我们可以发现很多学生（36.1%）认为毕业论文应采用思辨的方法展开论证，而认为应采用调查、实验等实证方法的学生只占18.6%，也有38.4%的学生认为这几种方法不应有先后之分，应根据毕业论文的内容来确定。

上述调查结果反映了学生们对毕业论文研究方法的基本认识，在毕业论文探讨过程中，学生们又是如何选择研究方法的呢？在访谈中，指导教师谈到：目前高校本科毕业论文中，大部分采用单一的定性分析方法，能够运用定量分析方法开展问题研究的较少，因此，有关问题、观点、看法的论证有很大的局限性，缺乏充分的说服力；很多学生在毕业论文写作过程当中，往往先有定论而后到工作实践中和书本中去寻找例证，不作深入实际的调查研究，不能从调查研究当中得出结论，这种逆向研究的方式实际上是一种投机取巧；也有些学生虽然进行了调查研究，但往往停留在经验总结和感性认识阶段，不善于把实践问题上升到理论高度来认识与研究，结果往往只见树木，不见森林。当然，访谈中学生们也谈到了造成这一现象的原因，主要是实证研究需要付出更多的时间和精力，而理论性文章相关资料容易获取，无需实际调研。另外，有些学生谈到，他们缺乏相关的科研训练，科研能力不高，对研究方法不能很好地把握。

2. 文献资料

在撰写毕业论文时，需要从各方面搜集丰富而详细的材料，为明确研究主题以及后续研究打下基础。主题确立以后，就需要相应的研究材料。所搜集的材料是否齐全、新颖也是影响毕业论文质量的因素之一。调查中，很多学生表示自己对所学专业领域的文献获取渠道和方法掌握不足，在查阅文献时往往希望查到与自己的题目直接相关甚至直接应用的文献，有些学生甚至无从下手，查阅的文献数量有限，有些文献不能反映当前的研究方向和学术前沿问题。有些学生虽然也能查阅一定的文献资料，但对综述的重视不够，为查阅文献而查阅文献。

表3-9 论文素材来源

题目	题项选择	频数	百分比%
毕业论文的素材来自于	纸质文献	126	29.7
	电子文献	244	57.5
	调查实验	54	12.7

从表3-9的调查结果来看，多数学生（87.2%）的毕业论文素材来源于纸质文献和电子文献。这反映了多数毕业生不愿意进行社会实践，不愿意进行调查实验，而选择了相对容易、节约时间的方式，仅立足于眼前现有的图书资料，在资料不足时，有时难免出现闭门造车现象。如果仅仅通过查阅期刊、文献来摘录第二手的资料，偏重用于逻辑演绎和推理，就很难提出独特的观点，论文内容也就空洞无物，缺乏说服力，更奢谈应用价值。

表3-10 参考文献来源

题目	题项选择	频数	百分比%
参考文献主要来自于	A、学术著作	47	11.0
	B、期刊论文	104	24.5
	C、学位论文	60	14.2
	包括A和B	33	7.8
	包括A、B、C	180	42.5

从表3-10的调查结果来看，多数学生能多方面搜集资料，但也有一部分学生资料来源较为单一，如24.5%的学生参考文献主要来源于期刊论文。在访谈中，我们了解到在查找文献资料时，很多学生是通过学校图书馆的电子阅览室和网络，期刊论文查找起来相对方便快捷；对于学术著作，则主要是在学校图书馆借阅，但有些较新的学术著作，由于资料缺乏，尽管能够索引到，也不会去主动联系图书发行渠道。同时，学生们也坦言，即使能借到有关学术著作，但面临就业，无法静下心来进行阅读与研究。

在参考文献的引用上，各高校一般都明确规定了参考文献的数量不少于15篇，同时要求要有近几年的研究成果。访谈中，指导教师们表示：绝大多数学生都能达到学校规定的数量要求，同时也有一些体现前沿性研究内容的文献，但也有少数学生参阅文献没有达到规定要求，有的学生甚至阅读文献数量不到5篇。此外，在毕业论文的写作中，几乎没有学生引用外文参考资料，缺乏国外的最新研究成果，这主要与学生的外语水平不高有关。

3. 规范要求

毕业论文是学术研究成果的一种，其话语表达必须符合学术研究的表达方式。主要内容包括：题目、提纲、中英文摘要、关键词、正文和参考文献几个部分。不过，虽然各高校对毕业论文格式都有明确规定，但由于学生缺乏相关的科研训练、教师指导不到位、学生对毕业论文不重视等原因，导致15.8%的学生对写作格式和规范要求不太了解，2.1%的学生对写作格式和规范要求不了解，见表3-11。

表3-11　论文写作格式和规范

题目	题项选择	频数	百分比%
你对论文写作格式和规范	了解	348	82.1
	不太了解	67	15.8
	不了解	9	2.1

通过与指导教师和相关教学管理人员的访谈，我们了解到在学生的毕业论文中存在较多不规范之处。主要存在以下问题：

毕业论文的内容摘要一般应说明本文主要研究什么问题，通过何种研究方法得到了什么研究结论等内容，但有些学生的论文摘要，要么写得过于简单化、要么写得过于繁琐，让人看后不明白作者采用何种方法、手段进行了何种研究，研究得出了什么样的结果或该研究的创新点在哪里等等。这说明许多学生在写论文时并没有完全搞清楚正确的论文摘要应该如何去写，没有掌握摘要的要求和要领。另外，中英文摘要的英文部分也出现了较多问题，大多数学生只是对中文摘要内容进行简单而粗糙的翻译，甚至是利用网络在线翻译，语法错误较多，多数句子不符合英文习惯等等。这说明许多学生英文写作的基本功较差。

少数毕业论文不注意排版格式，表现在有些学生的毕业论文标题不对，有的出现两个重复标题，有的一级标题和二级标题位置颠倒，有的各段落标题位置不统一；有些学生的毕业论文的表格出现断裂现象；有些学生的毕业论文行间距不统一；有些学生的毕业论文手工改动较多，有添字、删字、改字等情况。有的毕业论文数据来源标注不规范，图表数据来源、表头文字说明等内容不统一。有些图表缺少编号，有些图表缺少标题，有些图表上对曲线没有标注等。有的毕业论文注释和参考文献的格式不规范，主要表现为作者姓名、题名、刊名间错用空隔符、大黑点或句号隔开，用书名号或引号将文章名、期刊名、书名用书名号或引号括起来等情况；有的标注项不全，参考文献应标注作者姓名、文献来源、出版时间、引用文章的页码等内容，但学生的标注残缺不齐。

4. 学术水平

本科毕业论文的学术性要求学生通过学习专业知识，创造性地应用基础理论，提出新的观点与看法，发展学生学术思维与学术能力。然而在访谈中，我们发现本科毕业论文的学术性往往缺乏创新意识和创新思维，没有独到见解，低水平重复较多。主要体现为以下两个方面。

首先，本科毕业论文抄袭已经是一个非常普遍的问题。调查结果显示：16.0%的学生承认自己毕业论文中的观点完全是别人研究成果拼凑起来的，63.7%的学生承认毕业论文中的观点大部分是别人的研究成果，只有少部分是自己的观点，只有20.3%的学生是自己通过认真调查和思考得出的观点，见表3－12。在访谈中，很多学生谈到在毕业论文中，多数同学都是对别人的文章进行裁剪并融入自己的观点的。学生中流传着一句话“引用一篇叫抄袭，引用十篇叫借鉴”。学生在网上搜索同主题的文章，然后进行剪切、粘贴，形成毕业论文。这样的毕业论文，其观点只能是别人研究的堆砌，或者是完全抄袭别人的观点，独立表达与论证观点的内容较少，学术性不高。

表3－12 论文观点如何形成

题目	题项选择	频数	百分比%
你的毕业论文观点是如何形成的	别人的研究成果拼凑起来	68	16.0
	大部分是别人的研究成果，少部分是自己的观点	270	63.7
	整篇都是自己的观点	86	20.3

其次，有些学生缺乏基本的论文写作训练，对论文写作的基本方法和常识所知不多，文字功底薄弱，因而造成论文学术性不强，论证欠科学性。有的本科毕业论文总体结构（尤其是初稿）比较混乱，内容上拼拼凑凑，缺乏逻辑性，前后不衔接，甚至多处重复；有的结构残缺，开头没有说明课题的来源或研究目的、意义，也不交代调查的手段和方法，结尾处没有明确的结论，没有个人的观点和见解，缺乏必要的分析和评论等问题，造成论文的结论不完整；有的内容陈述有误、概念使用不严谨、文章层次不清、段落重点不突出；在论证中，有的论点论据脱节或因缺乏实证资料而论证不够充分，有的所引用材料陈旧，有的论文看起来类似新闻或心得体会，没有使用学术语言。

（六）论文答辩

答辩是毕业论文工作的最后一个环节，也是学生和老师共同对毕业论文进行全面总结和评价的重要环节。严格的答辩有利于学生树立良好的学风，促进学生认真做好毕业论文。在以时间及研究能力为借口而取消答辩环节的背景下，尤其要关注高校毕业论文的答辩环节及现实问题。本文从以下几个方面进行了调查与访谈。

1. 毕业论文答辩的认识

调查发现62.3%的学生认为每个毕业生都有必要参加答辩，答辩是毕业论文的一个重要环节，但也有部分学生对待毕业论文（答辩）采取了敷衍了事的态度，见表3－13。一些学生对毕业论文答辩工作不够重视，他们把主要精力都放在了参加各种各样的招聘会上，认为毕业论文是“软指标”，老师都会让他们及格的，答辩不过是走过场而已。访谈中我们发现个别老师对毕业论文答辩也不够重视，他们认为学生的学术素养、科研能力主要应是硕士研究生阶段的培养目标，本科生进行毕业论文答辩只是形式而已。

表3－13　对毕业论文答辩的认识

题目	题项选择	频数	百分比%
毕业论文（设计）答辩	重要	264	62.3
	不太重要	117	27.6
	不重要	43	10.1

2. 工作安排和组织程序

目前高校在毕业论文答辩的组织安排和程序上规定基本相同。各学院会首先根据学生的毕业论文的研究内容分成若干个答辩小组，每个答辩小组的评审成员一般由3～5名教师组成。学生的毕业论文会在答辩前送到小组评审专家手中，各评审专家就论文的研究内容拟提出1～2个问题。在毕业论文答辩时，首先学生简要叙述毕业论文的内容，一般约5分钟左右。答辩小组通过学生的叙述，了解学生对所写论文的思考过程，考察学生的分析和综合归纳能力。接着，进行现场答辩。答辩小组提出3～5个问题后，做即兴答辩，一般约10分钟左右。最后答辩小组结合毕业生现场答辩情况评定答辩成绩。

通过调查，不难发现虽然各高校的规定基本相同，但具体执行起来，仍略有差别，答辩的组织安排和程序仍有待进一步规范。如有的学校实行答辩回避制度，即指导教师不得参加自己所指导学生的答辩工作，有的学校则未实行答辩回避制度；有的学校将毕业论文提前1个星期左右送到小组评审人员手中，而有的学校则在答辩前1~2天才送到评审人员手中，影响评审人员的提问质量；有的学校未能有效保证答辩的时间，过分简化答辩过程，答辩流程缩水现象严重，在所调查的学校中，最多安排了两天时间进行毕业论文答辩，有的甚至只用半天的时间进行答辩；有的学校没有做到基于现场的提问和评述，往往是事先将所提问题交给答辩学生，让学生有充分的准备时间，轻松上阵，而答辩教师也未能针对其回答进一步提问，出现只答不辩的情况；有的学校答辩分组规模较大，答辩教师的选派未考虑到其研究特长，而是随机分派，从而影响到答辩质量；答辩评审的评判标准不够科学、操作性不强，致使在评审过程中对学生答辩成绩的考核评分很不规范，评审判断主观性、随意性严重；多数学校的教务部门也没有像对待期末考试那样，加强巡视和检查，而是采取了放任自流的态度，甚至有的学校只把优秀毕业论文纳入答辩范围，其余不作要求。

3. 学生对答辩的评价

针对答辩过程提问的深度、答辩效果，我们对毕业生进行了访谈，多数毕业生认为答辩提问有深度并且在论文范围内，需要认真准备才能准确回答，但也有些学生反映提问超出论文范围，不知从何答起，还有些学生认为提问未能抓住论文的核心内容和关键知识点。近半数的学生认为“通过答辩，加深了对论文中专业理论知识的理解，更加明确了研究的思路”，40.5%的学生认为“通过答辩，经历了一次锻炼，提高了语言组织和沟通能力”，但也有23.4%的学生认为在毕业论文答辩中收获不大。这说明各学校组织的答辩仍需要进一步规范程序、加强管理、提高答辩提问的质量。

（七）质量保障

1. 相关制度或规定

完善的约束制度是提高毕业论文质量的客观条件。近年来，各高校在毕业论文的教学环节、任务书、中期检查、论文字数、参考文献、成绩评定等方面都分别提出了明确的要求，制定了若干规章制度，但仍存在不完善的地方，如对指导教师是否经常与学生沟通交流，其工作量由谁来检查，又由谁来认定；学校虽然颁布有关毕业论文成绩评定规定，但条文仅对优秀和不合格作出粗略规定，既不详尽，又不完善，导致在评分时无章可循，无据可依，难以把握，模棱两可。

此外，缺乏相应的奖惩机制，也是造成指导教师和学生积极性不高、应付了事的一个重要因素。如对于不同的指导教师，不管其是否经常与学生沟通交流、指导质量如何，均给予同样的论文指导工作量，必然会导致个别责任心不强或业务能力较低的指导老师指导不到位的情况，影响了毕业论文的质量；对于学生论文抄袭、精力和时间投入不足现象缺乏相应的惩罚，导致部分学生懒散或钻空子，随意拼凑，敷衍了事。

2. 监督机制

调查表明，目前，各高校对毕业论文的监督管理主要是学校抽查、中期检查和院（系）自查三个方面，但从整体上来说，对毕业论文的重要性重视不够，工作思路不够明确，缺乏对毕业论文写作的全过程监控。

教务部门每年按照毕业论文管理办法由教学督导在毕业论文所有环节完成后对各院（系）毕业论文安排一次抽查，但教学督导所检查的有时又不是本专业的毕业论文，无法对毕业论文的学术性进行系统评价，只能对毕业论文有关格式和论文基本规范进行检查。检查过后，虽然专家们也提出一些意见和建议，但对于这些意见和建议落实的情况如何，缺乏更进一步的跟踪监管。如此做法，使得毕业论文检查工作在部分高校中往往流于形式。

中期检查和院（系）自查则主要是由院（系）和指导教师进行。由于缺乏相关监管部门的全程参与，中期检查效果大打折扣。如有些院（系）并没有认真检查，也没有具体的管理措施，缺乏督促教师认真指导、师生定期交流、论文审阅机制，致使管理工作形同虚设，完全靠指导教师和学生的自觉。如有个别学校教务处虽然制定了毕业论文的开题报告制度，但实际上很多院（系）却没有执行，有些学生的毕业论文的题目和提纲具有随意性，朝令夕改，有些学生没列提纲，就直接把初稿写好提交老师；再如面对学生忙于找工作的现实情况，指导教师不注重与学生沟通，甚至发现论文中存在抄袭现象，有时也听之任之。学院（系）自查也是在毕业论文的所有环节完成后进行，主要是对毕业论文的格式等基本规范的检查，如相关资料是否齐全、格式是否符合规范等，没有明确的质量和考核标准。

总的说来，缺乏对毕业论文写作全过程的有效监控，毕业论文质量监督机制仍需进一步健全。

3. 软硬件环境

为学生提供良好的软硬件环境，让学生查阅到相应的专业书刊，使学生在较为健全的试验室与学习环境中从事毕业论文工作，也是保障毕业论文质量的主要因素之一。

表3－14 软硬件环境

题目	题项选择	频数	百分比%
学校的软硬件环境	完全能满足需要	256	60.4
	不能满足需要	114	26.9
	无所谓，没有特别需要	54	12.7

表3－14的调查数据表明，有60.4%的学生认为学校的软硬件环境完全能满足毕业论文的需要，但仍有26.9%的学生认为学校的软硬件环境不完善，主要是是图书馆专业书刊不足、实验条件较差，影响毕业论文的质量。这说明加强学校图书馆建设及用于本科教学的实验室建设仍任重道远。图书馆资料缺乏，有的图书资料仅仅局限于中文文献，这对于理论基础薄弱、专业基础知识不足的学生来说，难以对当今前沿的热点问题和理论有着较为清晰的认识，难以生成创新性的思想或观点；实验条件的不足，使得学生在毕业论文中规避实验研究，致使毕业论文中大部分的论述主要来自书本或文献资料，即便是实验性论文也多是一些简单浅显的验证性实验，而不是创造性实验。

4. 经费投入

合理的经费投入是毕业论文工作顺利完成的前提，也是保障论文质量的一个重要因素。从各高校教学管理者的反映来看，高校的毕业论文的经费投入明显不足：300元以上只占6.7%，200～300元占26.5%，100～200元占38.2%，100元以下占28.6%。一些高校将教学经费捆绑下发到院（系），没有明确规定毕业论文经费投入比例。这些严重影响了毕业论文工作的投入，进而制约着毕业论文研究质量。

（八）撰写体会

表3－15的调查数据显示：认为通过毕业论文收获很高的占6.8%，收获高的占37.7%。访谈中，学生们认为通过毕业论文撰写，综合技能得到加强，同时增强了他们的科研意识，培养了一定的科研能力。调查数据还表明，有46.0%的学生认为收获一般，认为毕业论文只是过去所学知识的巩固，没有发展更多的知识与理论。同时还有9.4%的学生认为收获少，说明毕业论文对学生发展的实际影响同期望值之间有较大差距。

表 3－15　撰写毕业论文的收获

题目	题项选择	频数	百分比%
从毕业论文中的收获	很高	29	6.8
	高	160	37.7
	一般	195	46.0
	少	29	6.8
	很少	11	2.6

表 3－16 的数据表明，多数学生认为毕业论文作为学位审查的重要手段，并不是可有可无的，不能够取消，但需要改进。在开放性问题“您认为毕业论文需要改进的地方是什么?”中，学生们谈到较多的有：应加强对毕业论文的指导，对学生进行论文撰写技巧方面的培训，包括选题、查阅文献方面的技巧；应调整毕业论文的时间，适当提前，错开学生的就业、考研复习时间；应加强学校软硬件建设，加强学校图书馆和实验室建设，为毕业论文的完成提供可靠的保证；建立真正有效的监督机制和奖惩制度等。

表 3－16　对毕业论文的态度

题目	题项选择	频数	百分比%
对毕业论文的态度	保留	74	17.5
	改进	238	56.1
	取消	72	17.0
	无所谓	40	9.4

三、结论

通过上述的调查结果分析可以看出，目前地方高校的毕业论文质量需要进一步提高，主要存在以下突出问题：

（一）时间安排不合理

目前高校毕业论文的时间普遍安排在第 8 学期，而这一时间正是学生求职、考研复习的时间，直接影响了学生精力的投入，写作时间明显不足。同时，学生缺乏较好的前期学术训练，毕业论文可以依托课程教学全程培养，为毕业论文撰写奠定学术基础。

（二）选题不科学

尽管学生实践取向较浓，大部分学生在选题时愿意围绕社会实际问题，但存在着突出的问题，如学生在选题过程中的参与度较低，难以调动学生的积极性；学生选取的题目相同或类似的较多，多年来变化不大，低水平重复，创新能力不足；选题范围较狭窄，学生在选题时往往倾向于选择纯理论性的专题研究或参考资料充足易找的问题；选题难度把握不当，有的学生选题过大，只能泛泛而谈，有些选题又过窄，无法开展研究；开题论证缺乏必要的约束和监督，流于形式，很多学生选题后还不知道自己要做什么，从哪里入手，缺乏对题目可行性的论证，往往出现中途换题的现象。

（三）学术水平不高

部分学生思想上不够重视，敷衍了事，抄袭现象严重；一些学生不愿花时间进行实证研究，论文素材多来自于纸质文献或电子文献，参考资料数量也严重不足；学生缺乏相关的科研训练，科研能力不高，对研究方法不能很好地把握，对所在专业领域的文献获取渠道和方法掌握不足；学生缺乏基本的论文写作训练，对论文写作的基本方法和规范要求所知不多；部分学生外语水平较低，缺乏外文参考资料，英文摘要错误较多。

（四）教师指导不力

指导教师对学生完成论文有不同程度的帮助，但指导情况良莠不齐。由于学校近几年连续扩招，学生人数大增，很多学校教师指导学生人数过多，直接影响指导质量；少数院校助教也承担了指导任务，而学校缺乏对指导教师的业务培训，教师指导能力参差不齐；大部分指导教师对工作的态度比较认真、负责，但也有少数指导教师对毕业论文重视不够，责任心不强，投入精力不足。

（五）管理制度不够健全

部分院（系）在管理上没有具体的操作规程和管理措施，尽管各高校都有自己的毕业论文（设计）管理规定，但从整体上看还不够规范，实施细则不够完善，管理上还较为粗放。如开题、答辩等环节的组织程序安排不够规范，特别是在“过程管理”方面缺乏一套行之有效的办法，从选题、收集资料、撰写论文、修改、定稿、答辩到成绩评定，没有明确的标准与考核指标，可操作性不强，管理监督缺位，没有相应的奖惩机制，造成部分学生对毕业论文（设计）漫不经心，教师指导责任心不足，答辩流于形式。

（六）经费投入不足

目前地方高校毕业论文上的经费投入明显不足，同时各高校在图书馆建设和实验室建设方面也有待加强，不断增加专业图书文献，提供适宜的实验教学环境，满足毕业论文写作需求。

四、对策与建议

毕业论文是高等学校本科专业一个综合性的实践环节，目的是培养学生综合运用专业知识、分析和解决本专业有关问题的初步能力，是对本科阶段专业学习的一次全面、系统地检阅，也是一所学校本科教学质量水平的集中体现。毕业论文质量不仅是学生综合能力的真实反映，也是学校课程设置、师资力量、教学资源、科研水平等综合实力的体现。针对毕业论文存在的各种问题，要提高毕业论文质量，笔者认为应从以下几方面着手。

（一）提高毕业论文重要性认识

提高对毕业论文的认识是提高毕业论文质量的前提，无论是学生，还是教师、管理者都要在思想上充分认识到毕业论文是高校教学计划的重要组成部分。作为一个独立的实践教学环节，它与其他教学环节彼此配合，构成一个完整的教学体系，其实践性和综合性具有不可替代性。同时，毕业论文也是高校实现人才培养目标的重要手段，是学生本科阶段所学知识的深化与升华的重要过程，是提高学生科研能力、分析问题和解决问题能力的有效途径。因此要真正把毕业论文工作提高到与组织课堂教学并重的地位。在学校、学院、系室、教师、学生各个层面要召开毕业论文动员大会，开展多种形式的宣传活动，使学生、教师、管理者等充分认识毕业论文的教学与教育功能，从思想上高度重视毕业论文工作。

（二）增强常规写作训练

增强学生的学术研究能力和论文的写作训练，是提高论文质量的基本途径。学生的学术研究能力、论文写作能力的提高是一个循序渐进的过程。因此，毕业论文的写作不应集中在毕业前的几个月，而应贯穿于整个大学教育中。学校应根据人才培养目标，深化课程体系和教学内容的改革．将毕业论文的教学工作融入到整个教学计划中：如二年级根据开设的专业基础课程，布置学生撰写课程学习的心得体会，同时要求学生掌握文献检索、资料查询的基本方法；三年级开设论文写作课程，配备导师，要求学生掌握论文的写法、学术规范、论文的格式，撰写专业课的课程论文，并可让学生以科研助手的形式参与到教师的科研工作中，在较长的教学活动中系统地培养学生的科研意识，训练他们独立完成任务的能力；四年级举办毕业论文写作的专题讲座，进行实地调查和业务实习，完成毕业论文。这些经常性的论文讲授和写作训练，不仅有利于提高学生对专业知识的理解和把握，循序渐进地培养学生的创新精神，提高学生的专业素养与写作能力，而且也可在一定程度上缓解毕业论文与复习考研、找工作之间在时间上的冲突，最终保障毕业论文质量。

（三）加强师资队伍建设

指导教师在毕业论文撰写过程中起着举足轻重的地位，指导教师的水平直接影响着毕业论文的质量，要求教师要具有扎实、系统的专业知识，丰富的实践经验以及毕业论文指导的经验，因此，加强师资队伍建设，加大培养力度，提高教师的业务水平显得尤为重要。

学校管理部门要加大师资队伍结构调整力度，合理地安排教师的工作量，使教师能保质保量地完成教学任务和学生毕业论文的指导工作，并能预留出相应的时间提高自己的综合能力；教师应定期地或不定期地参与学历教育、进修学习、学术交流等，不断提高教师尤其是青年教师的业务水平；学校要加强对教师实践能力的培养，教师可到相关行业或部门学习一年或更长的时间，亲身参与基层的实际工作，完成一些横向课题，丰富教师的实践知识；推行青年教师导师制度，不断加强对年轻教师的指导力度，学校也可以根据学科类型成立由各学科有扎实专业知识、丰富教学实践经验和毕业论文指导工作经验的教师组成的指导小组，指导年轻教师的教学、科研工作，通过传、帮、带等形式传授毕业论文指导经验，为指导毕业论文奠定良好的基础。

加强教师的师德和人格修养。在毕业论文指导过程中，教师严谨的治学态度、良好的人格修养对学生起着潜移默化的作用。因此要加强教师的师德师风建设，也要注重教师良好的学术风范的形成，提高思想政治修养和学术素养。

（四）严格过程管理

在毕业论文的管理过程中，应从质量评价入手，以规范管理为抓手，做好毕业论文的全面管理。在毕业论文管理过程中，要求教师、学生、各层级管理人员全员投入，明确自己的职责，完成各自的工作任务。

首先是健全规章制度。对本校毕业论文工作做全面的调研，针对毕业论文写作过程中出现的新问题、新情况，制订切合学校实际的《毕业论文工作条例》和《毕业论文教学大纲》。在《条例》和《大纲》中明确提出毕业论文的目的与要求、毕业论文的教学基本要求、毕业论文的组织管理、指导教师的条件与职责、毕业论文的选题原则和程序、毕业论文的评分标准、毕业论文的答辩及评审的程序和标准、毕业论文的总结作详尽的要求，为毕业论文质量提供制度保障。同时，《条例》应明确各部门、学院、教研室主任、指导教师、学生的职责与要求，建立一套有效的奖惩机制，增强指导教师的责任心和学生参与毕业论文工作的积极性和主动性，学校各部门及管理层要确保教学经费、计算机设备、实验设备等条件及时到位，确保毕业论文工作的顺利进行。

其次是完善质量监控体系。根据毕业论文的进程，抓好三个时期的质量监控。一是初期质量监控，要严把“指导教师资格关”和“选题关”。主要监控检查的内容为指导教师资格的审查；选题的征集与审查；学生选题报告、学生的调研与资料查阅的情况；教师任务书、指导书内容和规范化情况等。二是中期的质量监控，要严把“指导关”。主要监控检查的内容为有无更换指导教师及改变课题内容的情况；教师的指导情况；课题进度情况；学生对课题完成的困难与对策等。三是后期的质量监控，要严把“评阅与答辩关”和“质量评价关”。主要监控检查的内容为学生毕业论文的撰写质量；评阅人、答辩委员会成员的聘任情况；答辩组织安排、落实情况；答辩组的提问提纲及答辩记录；指导教师、评阅教师、答辩委员会的审阅及评语质量；毕业论文的成绩评定；了解学生对毕业论文的意见和建议等。

（五）加强学术伦理教育

加强学术道德教育、净化学术空气是目前教育者必须正视和重点解决的问题，也是必须承担的责任。高校教师在平时的日常教学中，要向学生不断加强学术道德教育，对于平时作业抄袭的现象要严格处理，帮助学生养成务实、求实的学习态度。同时教师也可利用现代化手段来检查毕业论文的真实性，如利用学术不端检测系统可以清楚地看出学生是否有完全抄袭或大段的摘抄拼凑。虽然目前本科生毕业论文的质量还存在许多问题，而且影响本科生毕业论文的因素也有很多，但是我们只要从管理制度入手，采取加强毕业论文全过程质量监控，重点抓好毕业设计的选题、实施、检查、答辩等各环节，充分调动学生积极性，经过高校管理部门和任课教师的共同努力，这些问题可以逐渐得到解决，本科生毕业论文质量和整体水平将不断提高。

第四章 毕业论文选题

面对知识经济社会发展对人才提出的新要求，大学教育需要培养出具有创新精神和实践能力的人才，使其能够缩短职业工作的适应期，不断拓宽工作内容，创新工作方式，取得更大实效。在创新人才的培养过程中，问题意识养成至关重要，它是新思想诞生的摇篮，是创新精神萌芽的基础，是创造性思维发展的动力，强化学生的问题意识是培养学生创新精神和实践能力的起点。对于大学生毕业论文来说，选好题是论文成功的起点，而选题又同真切的问题意识密不可分，成为选好题的起始环节。

一、问题意识

培养学生的问题意识不仅是科学研究的需要，更是社会发展的需要。问题意识的培养由来已久，已引起古今中外教育家的高度共识。

（一）问题意识提出

早在春秋战国时期，孔子就要求学生每事必问，认为“疑是思之始，学之端”①。他既重视学，又重视思，要求学思结合。他还主张“多闻阙疑，多闻阙殆”，要求学生既要多闻多思，又要有存疑精神，不要盲目相信。他的学生子夏又提出“博学而笃志，切问而近思”的思想，把“学、问、思”的关系有机地结合起来。而孟子则进一步发展了孔子的思想，他说“尽信书，则不如无书”②。

汉初淮南王刘安主持所作的《淮南子》指出：“文王智而好问，故圣；武王勇而好问，故胜”，可见善于问是取得学习或工作成就的主要方法和途径。宋代学者理学创始人之一张载认为：“义理有疑则耀去旧见，以来新意”，只有怀疑，才能摒弃陈旧，创造新意。他说：“可疑而不疑者不曾学，学则须疑”，从中不难发现他高度重视学习中怀疑精神和问题意识。而对通过学习意识到问题的存在

① 李安纲，马良编．论经［M］．北京：中国社会科学出版社，1999：285.

② 李安纲，马良编．论经［M］．北京：中国社会科学出版社，1999：22.

更是推崇，认为“于不疑处有疑，方是进矣”①。宋代理学大师朱熹也说过，“读书无疑者，须教有疑；有疑者却要无疑，到这里方是长进。”他还进一步指出“读书始读，未知有疑。其次则渐渐有疑。中则节节是疑。过了这一番后，疑渐渐解，以至融会贯通，却无所疑，方始是学。”② 这些都是古人对学习中问题意识的科学而辨证的阐述。

到了近代，著名的人民教育家陶行知对传统教育束缚儿童的现象进行了深刻批判，他要求解放儿童，其中就包括解放儿童的嘴巴，主张让学生多问，并且用十分生动简练的语言概括了问题意识的作用，“发明千千万万，起点是一问。禽兽不如人，过在不会问。智者问得巧，愚者问得笨。人力胜天工，只在每事问”。③ 胡适也注意到了问题和知识之间的关系，在为北大毕业生开的三味“防身药”中，第一味就是“问题”。他认为问题是知识学问的老祖宗，古往今来一切知识的产生与积聚，都是因为要解答问题。没有问题的人们，关在图书馆里也不会用书，锁在实验室里也不会有什么发现。等到人的脑子里没有问题的时候，也就是人的知识生活寿终正寝之日。

国外也有很多学者极力推崇在教育活动中培养学生的问题意识。如古希腊哲学家苏格拉底也强调在疑惑中寻求问题，探索真理，他形象地比喻，问题是接生婆，它能帮助新思维诞生。亚里士多德曾指出，思维是从疑问和惊奇开始的。爱因斯坦也强调：“发现问题和系统阐述问题可能要比得到解释更为重要。解答可能仅仅是数学或实验技能问题，而提出新问题、新的可能性，从新的角度去考虑问题，则要求创造性的想象，而且标志着科学的真正进步。”④

我们既要鼓励学生有质疑的勇气，同时还要教给他们质疑的方法。让他们学会质疑，能主动发现问题，才能启动创造性思维，以寻找到解决问题的途径。但是，在国内真正开始对“问题意识”进行深入研究的历史较短。基础教育课程改革以来，随着创新教育的实施，在对传统教育进行反思的过程中，尤其是在和西方教育进行比较的过程中，不少教育理论和实践工作者，逐渐意识到尽管我国大学生动手能力不断提高，但不善于发现和提出问题，对问题敏感性不足，促使人们从高素质人才的培养角度，逐渐加大这一问题的研究。

---

① 孙培青．中国教育思想史［M］．上海：华东师范大学出版社，1997：86.

② 孙培青．中国教育思想史［M］．上海：华东师范大学出版社，1997：167.

③ 陶行知．行知诗歌集［M］．北京：三联书店，1981：12.

④ 爱因斯坦，英费尔．物理学的进化［M］．上海：上海科学技术出版社，1962：66.

（二）问题意识内涵

1. 问题的涵义

问题一词英文为 problem，也称难题。在心理学上，行为主义心理学家们主张，问题是机体缺乏现成反应可以利用的刺激情境；格式塔心理学派在完形理论基础上，认为提出问题是完形上的缺口；心理学家梅耶认为，当问题解决者想通过某种情境从一种状态转变为另一种不同的状态，而且问题解决者不知道如何扫除两种状态之间的障碍时，就产生了问题。

那么到底什么是问题呢？在汉语中问题是个多义词，《现代汉语词典》中将其涵义解释要求回答或解释的题目或须要研究讨论并加以解决的矛盾、疑难。我们所指的研究问题，一般指的是第二种，就是须要研究探讨并加以解决的事物的矛盾或疑难之处。

由此可见，问题是矛盾或困难在特定主体头脑中的反映，人只有把“困难”、“矛盾”、“疑问”与自己的经验有机结合起来，经过再三思考才能产生真正意义上的问题。

2. 意识的涵义

意识一词英文为 cnosciuosness，在心理学上，最早有学者认为意识是神经活动，是“大脑两半球一定部分在某个瞬间和某些条件下具有最合适的（大约是中等程度的）兴奋性时所呈现的神经活动。”① 行为主义心理学家认为，意识是指以能清醒觉察与反应灵敏为特征的行为，以与不能清醒觉察、反应不灵敏的行为相区别。《心理学大词典》则解释为：意识是人所特有的反映现实的最高形式，是人对现实的一种有意识、有组织的反映。意识使人的心理区别于动物的心理（高等动物只具有意识的萌芽），也使人的心理活动在正常情况下的清醒状态与熟睡、昏迷、麻醉状态下的不清醒状态相区别。文化历史学派的代表维果茨基认为，意识是一个系统，是个体整个个性的增长与发展，其中由于思维的参与及知识经验的增长，促使心理活动的概括性、间接性得到发展，最后形成最高级的意识系统。

综上所述，在日常概念中，意识的涵义与觉察、敏感、知觉属于同义词，经常混用。具体而言，意识就是人在各种活动中养成的对周围环境及主体活动的聚焦与直觉感受或观念生成。

（三）问题意识的涵义

意识到问题的存在是思维的起点，具有问题意识的思维，体现了思维品质的

---

① 李西林，霍涌泉．意识实质的新理解［J］．中国临床康复．2005（9）：84-86.

活跃性和深刻性，又可以作为思维发展的动力，而强烈的问题意识，又促使人们去发现问题、解决问题，没有问题的思维，则是肤浅的、被动的，没有研究价值的。

俞国良、侯瑞鹤于在《问题意识、人格特征与教育创新中的创造力培养》一文中所提出从心理学的角度认为问题意识至少包含三层涵义："是一种问题性的思维品质，体现了思维的批判性、深刻性，也反映了个体思维的独立性和创造性；是一种意识到的认知不平衡状态，即个体在认知活动中意识到难以用已有的认知结构解决问题时，由此所产生的一种困惑、探索的状态；是元认知对认知活动的监控、调整、评估能力，表现出个体的反思能力和提出问题的能力。"① 郅庭瑾在《教会学生思维》一书中也提出：问题意识指的是学生面临需要解决的问题时的一种清醒、自觉，并伴之以强烈的困惑、疑虑及想要去探究的内心状态。这里主要将问题意识明确地界定为一种心理状态，并对这一特定的状态从认识到情感再到行为倾向进行了说明。姚本先在其论文《论学生问题意识的培养》一文中提出，思维的问题性表现为人们在认识活动中，经常意识到一些难以解决的、疑惑的实际问题或理论问题，并产生一种怀疑、困惑、焦虑、探究的心理状态，这种心理又驱使个体积极思维，不断提出问题和解决问题。对于思维的这种问题性心理品质，称为问题意识。在这里作者对问题意识的外在表现进行了细致的描述，有助于人们理解问题意识。

从上述概念中可以看出，研究者都认为问题意识是人们在运用已有的知识经验来面对困难情境时所产生的困惑、疑虑。从人们在使用问题意识这一概念时的情况看来，主要是针对不善于发现问题、提出问题而言的，因此，"发现问题、提出问题"是问题意识强调的重点，是对外在事物出现困惑时的强烈感受以及解除困境的内在力量。因此，我们将问题意识定义为人们在运用已有的知识经验来面对困难情境时所产生的困惑、疑虑，并在强烈的困惑、疑虑支配下形成努力去探究的内心状态。基于这种理解，进一步从其基本特征等方面深入认识问题意识，分析问题意识的价值与形成过程，为毕业论文选题奠定基础。

（四）问题意识的基本特征

1. 方向性

问题意识是一种心理品质，一旦形成就带有一定的方向性，即指向性，一直持续到问题的解决。方向性是指集中一事物而对其他事物置若罔闻，显示出人们

① 俞国良，侯瑞鹤．问题意识、人格特征与教育创新中的创造力培养［J］．复旦教育论坛．2003（4）：11-15.

对认识活动的选择性，是推动和指引人们从事各种活动的积极动因。问题意识促使学生对所学内容有一定的指向性，即有主动积极的态度，并对学生的兴趣、注意集中等方面也都有一定的作用，使学生在遇到困难时有克服困难的意志力。这种选择和保持能力使学生在一段时间内保持一定的紧张感，意识一直紧随认识的对象，持续到顺利完成认识活动，达到目的。

2. 探究性

探究就是探求学问、探求真理、多方寻求答案以解决疑问的过程，是问题意识形成的起始阶段。问题意识的探究性是指对问题后面的答案、现象后面的本质的探求和研究，从发现问题、分析问题到解决问题，每一步都需要去探索。在认识学习过程中，保持一种怀疑、困惑、焦虑和探究的心理状态，并逐步形成一种强烈而又稳定的问题意识。从某种程度上来说“打破砂锅问到底”的品质，就是问题意识的探究性质。

3. 批判性

问题意识的产生来源于对客观世界的质疑，带有一定地批判性和否定性，是一种质疑审问的精神，因此，问题意识经常表现为一种质疑、怀疑精神，是在否定、怀疑的过程中逐渐提高个体对事物的认识。这要求人们不要简单地接受与相信既有的理论和权威，而是要持批判和怀疑的态度，由怀疑进而求异，在继承与批判的基础上，突破传统观念，另辟蹊径，勇于创新。

（四）问题意识的作用

问题意识是学术研究的生命和灵魂。没有问题意识的学术研究是不可想象的，具有问题意识是对学术活动主体的基本要求。早在20世纪英国学者卡尔·波普尔认为，科学的发展是从问题开始的，科学家针对问题提出各种竞争的理论，经过层层批判和选择，最后又形成新的问题。这在科学哲学中算是名家之言，是对科学发展的一种抽象。

首先，“问题意识是研究的起点，也是学科发展的生长点。”[①] 对于科学研究来说，轻视问题意识，就如同切断了研究的源头，学术研究也就成为无源之水、无本之木，其价值也将毫无意义。只有发现问题、提出问题，才能开始有价值的探索和研究。

其次，问题意识是科学研究发展的基础。研究者不断地提出一些新的理论和实践问题，经常会对传统的理论和以往的经验提出一系列挑战，促使人们对已有

① 刘大椿．问题意识与超越情怀［J］．中国人民大学学报．2004（4）：18.

的理论和实践进行思考，正是这样的挑战和反思持续推动了科学不断向前发展。

再次，问题意识是研究的灵魂。可以这样说，问题意识是科学充满生机并不断走向成熟的标志。任何一门学科若能提出大量问题，就是其充满生机的表现，如果问题缺乏，就预示着学科研究的衰亡，从这个意义上说，问题是社会发展的内在动力，在科学活动中评判一项研究的质量，研究问题的选择非常关键。

（五）问题意识的形成

人们在认识活动过程中面对困境时去积极的探究，逐步形成问题意识。可以说，问题意识的形成既和个体的认识活动有关，也与个性倾向性和特征相关。由此，我们可以借用皮亚杰的顺应和同化的概念来解释问题意识发生的心理机制。“当个体遇到问题时，首先要检查已有认知结构，然后和当前认知情境进行比较，如果已有认知结构可以解释或解决当前认知任务，则同化，问题意识没有形成；否则，认知跃到不平衡状态，元认知意识到了问题的出现，并对问题的状态、类型、性质和特征有了初步认识，然后调动认知资源和知识储备，比较已解决的问题情境与目前问题情境，形成问题意识。”[①] 问题意识的形成需要具备以下要素：

1. 批判性思维

批判性思维是以提出问题为特点的，它是辩证思维的一种形式。批判性思维应用形式逻辑工具，以相关学科知识为基础，在唯物辩证法的世界观、认识论、方法论与价值论的指导下，对问题进行分析与论证，是产生问题意识的源泉和动力，也是问题意识生成的关键。

2. 逻辑思维

对问题进行逻辑分析，反驳对方论点，用科学方法证明己方论点，对新观点与新理论进行论述，这是产生问题意识的必要工具。

3. 辩证思维

从不同角度，使用多种思维方式对问题进行思考、质疑，并给予科学的世界观、认识论、方法论和价值论的指导，是产生问题意识的立场、观点和方法。

4. 学科知识

问题的提出、分析、论证与检验，都要具备深厚的相关学科的知识，提供与问题有关的认识成果或学科知识，是产生问题意识的基础。

---

① 曾丹．问题意识及其培养探究［J］．重庆工学院学报（社会科学）．2008（4）：97-99.

二、毕业论文主题探寻

论文的选题不是一蹴而就的，它要求学生不仅要用科学的理论指导，还要从实际出发，通过对事实材料的分析比较，发现和抓住主要问题；选题时不仅要把握学科领域理论研究的大局，而且要深入的了解实际内容；学生不仅要形成问题意识，而且要掌握选题相关的知识，了解选题的主要方法，从而不断提高自己的选题能力。

（一）主题探寻路径

本科学生大多是初步涉足论文，在着手进行论文研究工作之前，总会觉得自己头脑中没有明确的问题，不知哪些问题值得研究，也不知如何进行选题。事实上，想要选题恰当，除了要了解一些选题的方法，还要有一个正确的思路，如怀疑法、转换思维角度法、类比与移植、深入探究法等。袁能先就在其论文中详细地论述了这些方法的使用:①

1. 怀疑

怀疑是指对已有结论、常规、习惯、行为方式等的合理性作出肯定或否定的判断。怀疑必定引起人对事或物的重新审度，会在原来以为没有问题的地方发现新问题。一般地说，学科发展水平越低，值得怀疑的结论越多；实践越依赖于经验和常识，可信度越低。

怀疑并不是随心所欲地乱猜测，毫无根据的猜测不可能提出有研究价值的新问题。作为怀疑的依据有两个：一是事实与经验；二是逻辑。作为怀疑依据的事实与经验，总是与现有结论或常规不一致甚至相悖的。逻辑是检验理论合理性的有效工具。对理论的逻辑推敲，可以从推敲概念，尤其是一门学科的基本概念开始。对于一时十分流行的概念也应仔细推敲。此外，对一些现有的理论判断也可以从多方面作逻辑分析。在科学研究中，有不少结论是通过演绎推理得出来的。

2. 转换思维角度

转换思维角度，是指从与原有结论不同的角度进行思考，或从不同的层次上来认识原有的研究对象，以形成关于对象的新认识。这种认识的产生不以否定原有结论为前提，它需要摆脱原来的思维定势和已有的知识影响，另辟蹊径。运用

---

① 袁能先．中小学教育科研选题研究［J］．西华师范大学学报（哲学社会科学版），2005（6）：122-126.

转换思维角度的方式发现问题的可能性的机会是较多的。因为人们对问题的认识是不可能一下子达到全面、深入、完善的。当对事物的某一方面了解较清楚时，就转向不甚了然的另一方面。当对事物各方面了解得较清楚时，就转向它们之间的关系与连接处，或寻找更高层次上的结合。当研究较长时间停留在一般性的、表面化的水平时，就转向较具体而细致的分析研究。这样的转向有利于把人们对事物的原有认识推向新的水平。学科发展史上的每一次关键性的理论突破，总是与研究者思考角度的转换相关的。

3. 类比与移植

类比与移植是通过与其他学科研究对象类比和借用其他学科的思维方式，来发现本学科研究的新问题。因此，其关键是善于发现不同学科研究对象与思维方法之间的关系，善于借“它山之石”。

由此可见，由于教育现象的复杂性与综合性，通过移植其他学科的思维方法和其他学科研究对象作类比而提出新问题的可能性是存在的，也是可取的。

4. 深入探究现象

如果说，上述几种思维方法都与对事物的已有认识直接相关，那么，深入探究现象的思维方法则要求直接面对现象，从对现象本身的思考中提出新问题。我们生活在一个丰富多彩而变幻无穷的现象世界中，只要善于多问几个为什么，就会发现许多值得研究的新课题。对一些司空见惯的现象，我们的探究指向应是其背后的实质。对现实中一直未能解决、反复出现的一些不良现象，我们可以深究其产生的原因。通过深究，我们会发现问题的现实因素与非现实因素，从而使认识达到一个新的境界。对新形势下出现的新现象，我们要善于捕捉，善于深入分析研究，只有这样，才能较快地在新形势中处于主动地位。

（二）主题探寻原则

主题探寻的基本原则，就是进行论文主题选择时应当遵循的基本要求，其实质是为毕业论文选择活动提供某种行为准则和标准。主要包括以下几方面：

1. 价值性原则

所谓价值性原则是指科研课题要能为实践和科学的发展服务。这是选题的方向性问题，是教育科研选题应当遵循的首要原则。价值性原则包括两个方面：应用价值和理论价值。应用价值是指选定的研究课题满足教育实践及社会发展需要的程度。这类课题往往与解决实际问题密切相关，其研究对社会改革与发展有直接的指导意义。这类课题主要研究当前社会发展过程中迫切需要解决的问题。

理论价值是指所选定的研究课题符合科学本身发展的需要，有利于检验、修正和发展教育理论，有利于建立科学的教育理论体系。越是能满足教育科学理论发展的需要，对教育科研发展推动作用越大的课题，其理论价值越大。理论创新、方法创新或理论上的完善，是科研课题理论价值体现的几种主要形式。

课题的理论价值和应用价值的区分是相对的。有的课题可能侧重于体现理论价值，有的可能侧重于体现应用价值。但即使是纯理论研究，也可以为应用研究提供理论依据，从而间接地体现出应用价值。应用研究的课题对其研究结果经过进一步的抽象、概括，也可以上升到理论高度，从而具有理论价值。因此，对课题研究的价值，不宜作绝对化的理解。

2. 科学性原则

选题的科学性，首先表现在课题应以科学的基本原理为依据，使所选的课题有坚实的理论基础。科学理论对选题起着定向、规范、选择和解释的作用。没有一定的理论根据，选定的课题必然起点低，盲目性大。因此，课题应纳入科学的某个理论体系中加以研究和处理，使课题研究基于一定的理论基础之上。

其次，选题的科学性表现在课题要以一定的经验事实为依据，使课题具有客观的现实基础。实践是认识的源泉，认识来源于实践。科学研究作为一种特殊的认识世界的方式，其课题的产生也要基于人们的经验及经验赖以产生的客观事实。

最后，选题的科学性还表现在所选的课题应具体、明确。课题研究的对象、研究的范围、研究的内容乃至研究的方法应尽量在课题设计中明确体现出来，不能空泛、笼统、模糊。否则就可能因为课题不够具体、明确，缺乏应用的针对性，导致研究无从下手。

3. 创新性原则

创新，是科学研究的“灵魂”，没有创新，就根本谈不上进行科学研究。因此，选定的研究课题必须具有一定程度的创新性，应选择前人未曾解决或尚未完全解决的问题。要争取在理论研究方面有新发现、新观点、新见解，在应用研究领域有新内容、新途径、新方法。选题的创新性，可以体现在以下几个方面：一是具有时代感；二是内容新；三是角度新；四是方法新。

4. 可行性原则

所谓可行性，指的是研究课题在主观、客观及时机等问题上，都具备条件，存在现实可能性。正如美国学者莫顿所言，选题不能草率，如果根本没有实现的可能，选题就等于零。因此，选题时，要充分考虑课题的难度与完成课题研究的主客观条件是否相适应以及研究时机是否适合。主观条件是指研究者本人原有知识、经验、专长，所掌握的有关这个课题的材料以及对此课题的兴趣等。客观条件是指保证课题顺利开展的资料、时间、人员、设备、经费、技术、理论准备、必要的行政支持以及科学上的可能性。研究时机是指选题必须抓住关键性时机，什么时候提出该研究课题要看有关理论、研究工具及条件的发展成熟程度。

（三）主题探寻方法

掌握主题探寻的方法也是正确选题的关键，古今中外人们在研究实践中摸索出了各种各样的发现问题的方式方法，这里我们来探讨常用的几种主题探寻方法，如实践归纳法、文献综述法和理论演绎法。

1. 实践归纳法

实践归纳法，是人们在社会生活和实践的基础上，通过对体验到的经验进行总结、整理、分析和归纳，从中找出需要研究解决的实际矛盾和理论疑难，这种方法是学生充分利用直接或间接经验发现问题的有效方法。

2. 文献综述法

文献综述法，是以他人的研究成果为基础，通过对特定研究专题的文献研究进行收集整理，从而深入地对所涉及的问题进行分析和鉴别，在吸收前人理论成果的同时，找出前人尚未解决或尚未完全解决的实际矛盾和理论疑难，作为自己毕业论文研究的方向，然后在此方向上进一步细化。

3. 理论演绎法

理论演绎法，就是人们以理论思维的一般性为基础，将有关学科理论揭示的基本问题，通过演绎“迁移”而具体化到相应的研究领域，从而发现需要研究解决的实际矛盾和理论疑难，从中寻找选题。

实践归纳法、文献综述法和理论演绎法既各自独立，又相互作用，并有机地统一在一起。实践是基础，是理论研究的源头，分为直接的、间接的，历史的、当前的等多种形态。从实践归纳当中发现的问题，具有实用性和基础性，对毕业生来说容易掌握使用，但它同时又有特殊性的限制，是肤浅的，我们可以在文献综述中通过理论演绎的方式加以具体化、深化和升华。

通过文献综述我们也能发现一些问题，这些问题可以对实践归纳法发现的问题进行比较筛选，以确保我们的选题是有价值的，不是简单的重复。通过理论演绎发现的问题，则具有普遍性，比较深刻，缺点是容易脱离实际，及时性和效用性比较差，这时我们就可以利用实践归纳法和文献综述法加以具体化、规范化和检验修正。理论演绎还是学习和研究的一种包含着各种层次的境界，需要人们通过并超越实践归纳和文献综述方法进行不懈的努力，从而使学习研究逐步提升品质和丰富内涵。

（四）主题探寻应注意的问题

毕业生如果掌握以上主题探寻的思路及方法，就可以相对自由地选题了。但是如前所述，对于本科生做毕业论文来说，由于学生从事学术论文的尝试性因素，毕业论文选题不同于专业研究者那样松轻自如，是一件既复杂又非常重要的一环，不能放松要求，因此在选题时还要注意以下问题：

1. 重复选题

这是本科生毕业论文选题中最常见的问题，本科生初涉论文研究，未能很好掌握选题的要领，而且毕业生事情繁多，对毕业论文准备不够充分，缺乏论文研究的前期设计，没有经过充分调查获取资料，无法对问题进行深入分析和科学阐述，难以提出新的观点和认识，造成毕业论文选题重复现象较多。

2. 盲目选题

本科毕业论文选题要具有理论性、实用性及针对性，适应社会实践的需要，以解决实际工作中的问题和发展学术理论为出发点。论文的选题必须是毕业生经过充分的调查研究和对资料整理、分析的基础上提出来的，要体现选题的科学思维、理论深度及个人的智慧、经验与技巧。事实上，学生在论文写作前，对论文的选题所应有的严密的构思及慎重的思考不足，草率动笔现象较多。

3. 内容空泛

这是很多本科毕业生论文选题中经常出现的问题，论文选题不具体，缺乏实质性的内容。如，有些选题过大，研究下来可以写成一本书，用这样的题目来写一篇文章，自然不容易写好。因此，本科毕业生在做论文时，要注意论题的内容、大小及难易程度要适合自身专业特点，以保证研究工作顺利进行，提高成功的可能性。所以选题着眼点要放在自己熟悉且体会较深的问题上，注意扬长避短，切实做到研究的问题研究者本人一定要非常了解，才能下笔。擅长技术操作的学生，可以选择解决实验的相关研究；擅长逻辑思维、想象丰富的学生，可以选择以理论为主的相关研究。选题时，一定注意要结合自己的知识、经验、能力、水平，选择与之相适应的，能胜任并且有浓厚兴趣的课题。同时占有的资料要充分，有一定见解。如同董琳所说：[①]

选题的途径很多，方法各异，这就需要我们在前人已经达到的成就高度上继续攀登；在别人跌倒或困惑的地方另辟蹊径；在旁人忽略之处深入发掘；在人们不曾涉足的领域勇敢开拓；在众说纷纭、争论不休的问题上寻求突破点；在灵感

① 董琳．科技论文选题的思路及方法［J］．中国计划生育学杂志，2007（3）：189-191.

闪念之时，不放弃意外的摄取。只有学术上的勇于探索，知识上的日积月累，才能高见卓识、选题准确，使撰写的文章辞达理顺。

三、毕业论文论题的确定

在经过认真而细致的论题探寻之后，就要及时向最终确定论题环节转移，只有明确了论题，我们才能开始写作，进入毕业论文的关键环节。在论题最终确定阶段也需要策略支持，首先学生必须明白论题确定的重大意义，不能轻易定题；其次，本科生大多是初次面对论文写作，可以参照一定的论题确定策略来确定论题；再次，毕业论文主题确定有相应的途径，学生可以据此最终确定自己的论文主题，然后开始毕业论文的写作工作。下面将对这三个方面的内容进行论述，以供参考。

（一）论题确定的意义

毕业论文的价值并不仅仅体现在论文的写作技巧上，更重要的是研究工作的本身，在于选择什么样的课题，并取得了哪些有价值的研究成果。只有那些具有学术理论和实践应用价值的选题，才能获得较好的社会效果；如果毕业论文的主题本身没有任何价值，即使作者耗费再多的心血和精力，文字表述得再精彩，所取得的成效不会明显。在本科生的毕业论文中，论题确定的意义主要体现在以下几点：

1. 明确了研究方向

毕业论文的写作是一项目的性很强的工作，从提出问题到解决问题，都遵循科学合理的研究过程，只有对问题有清晰的认识、深刻的理解，解决起来才会相对容易。确定选题后，所有的研究工作都将集中在稳定的方向上，围绕论题展开研究。因此，选准论题，即为毕业论文写作指明了研究方向，确立了具体的研究目标。

2. 划定了研究范围

现代科学不断向精深化方向发展，导致学科分支越来越多，专业划分越来越细，研究的问题所涉及的学科专业较广，这就需要对论题进行细化，确定切实可行的研究课题。论题的确定大致规定了研究的基本内容、研究的核心范畴及研究的基本框架。对于本科毕业生而言，考虑到其时间及经历，需要尽快确定论题，从而在相对集中的时间内把精力投入问题研究之中，根据特定课题筛选研究素材，不断提高工作效率。

3. 制约毕业论文写作进程

毕业论文写作进程与论题有密切的关系，由于所选论题的内容、大小及难易程度各不相同，写作进展情况也难以趋同。小而相对容易的课题可在数周内完成，难度大的课题则需要数月甚至更长的时间，由于本科生做毕业论文时间有限，在选题时就要注意选择小而容易一点的课题，以便能够及时完成。对于特别优秀的学生，或者经常参与教师研究课题的学生可以选择难度稍大的课题，在导师的指导下及早进入毕业论文有关研究。

4. 决定毕业论文研究价值

毕业论文研究的价值在很大程度上决定于最初确定的论题，有的学生选题比较随意，没有考虑到社会实践的需要，最终所获得的“成果”既没有在理论上有所进展，也没有体现出应有实践意义；有的学生害怕承担风险，对现实课题避而不选，只选择一些无关痛痒的论题，最终的价值也是大打折扣；也有些学生不愿意深入实际调查研究，选题严重脱离现实；还有些学生急于完成论文，不考虑选题的社会意义与理论价值，研究的效益更无从谈起。科研的最终目的是为了发展学术，为了增进社会利益，为了拓展学生个人的素质。只有选题有意义，其随后的研究才能显现出毕业论文的价值，发挥毕业论文的功能。

（二）确定论题的基本策略

确定论题的基本要求就是要选择一个有科学价值、又适合作者个人能力与客观条件的课题。毕业论文主题选择水平的高低，既能衡量出学生为此而做的努力，也能看出学生的学识水平和预见力。因此，需要寻找一些确定论题的策略，以此作为依据，来确定论文主题。

1. 从专业课程学习确定论题

学生在大学几年的学习过程中，对有些专业课程内容会形成自己的心得体会，可能是对课程内容有独到的理解，也可能是对课程内容的发展、延伸，或者是将课程内容与现实进行联系，探寻其现实意义，甚至包括对课程内容的不同意见等等。这些心得、体会和评论，往往是研究课题的生长点，在此基础上形成论文主题，既可以加深对所学知识的综合理解，提高毕业论文撰写的效率，又能够做到有感而发，观点鲜明，有思想，有内容。

2. 从毕业论文题库中确定

从大学生毕业论文题库选题、定题，是直接、可靠的方法。一般说来，毕业论文题库中的论题从大小来说可以分为两种，一是小主题论题，二是大主题论题。小主题论题要求学生就某一小的具体问题进行研究，学生可以根据自己的专业、兴趣、能力直接选择其一，确定论题。大主题论题所提供的是一个大的问题范畴，给学生的研究方向和论文写作提供一个较大的选择空间，学生要在此基础上结合自身情况，就其中的一两个子问题展开研究，写作成文。

3. 从信息资料中提炼论文主题

大量地搜集、阅读文献资料，可以更快地了解、掌握、跟踪所研究问题的最新动态，并且毕业生详细搜集资料的过程也是调查研究逐渐形成论文论点的过程。通过阅读大量的文献，可以了解本学科领域哪些问题已经完全解决，哪些问题还没有很好的解决或正在努力解决，发展的程度如何等。只有对这些了如指掌，才有可能既不好高骛远，又可以避免重复选题。

4. 从争论的焦点中确定论题

科学是在认识矛盾和解决矛盾之中发展的。由于人们看问题的角度不同，受各种主客观因素的影响，对同一问题持有不同观点比比皆是。毕业生在确定论文主题时可以抓住事物矛盾的焦点，通过实践论证，提出自己的观点和意见，确定论文主题。

5. 从学科研究空白点寻找论题

论文的根本任务在于交流学术上的新发现、新设想、新理论、新成就。具有社会价值和学术价值的选题，可能是对空白的填补，对已有研究的纠正与补充。发现空白点通常可从两种途径去探索：一是立题查新，由信息检索部门提供有关信息，选题查新，关键是查准和查全。本科生应熟练掌握图书馆的各种论文数据库，如中国学位全文数据库、CNKI镜像站点、EI检索、Elsevier电子期刊全文数据库、Springer link电子期刊数据库、维普中文科技期刊全文数据库、万方数据资源系统、人大报刊复印资料专题全文数据库等等。二是查阅文献资料，注意发现科学的空白点。

6. 选好研究角度

随着科学技术的发展，许多问题已逐渐被人们所认识，有些课题正在研究之中，这都为选题带来一定的难度。在后现代主义理论看来，学术领域的探究和认识不能穷尽绝对真理，也无从达到绝对真理。如果从专业研究的现有水平出发，选择有创造性的课题，其重要方法就是要选择新的研究角度。对同一问题，可以从不同的侧面、不同的角度、用不同的方法加以研究深化。

（三）论题确定的途径

从问卷调查结果可以看出，当前毕业生在论文选题上还存在诸多问题，如，在论文选题的参与性上，只有9.9%的学生认为参与度高，而40.5%的学生认为论文选题参与度低甚至没有参与。学生的被动选题使得学生对所选的题目可能不是学生的专业特长，学生不太了解，无从下手，进而影响了毕业论文的质量。学生自己选题的过程，同时也是学生不断思考，反复锤炼思想、发现问题的过程，在这个过程中，学生不断查阅资料，丰富自己的思想，从没有思路到产生思路，从模糊的思路到清晰的思路，学生不断地思考，待到学生能够确定选题时，他的研究思想已经趋于成熟，对于如何写作，已经胸有成竹了。因此，提高论文选题的参与程度有利于提高毕业论文的质量。如何来提高学生毕业论文选题的参与度？论文指导教师就要让学生清楚的了解选题的过程。首先，要确定研究方向；其次，要分析研究的背景；再次，要明确研究目标；最后，对选定的课题进行充分的论证，以使论文指导教师和论文论证小组认可自己的选题。

1. 确定研究方向

初涉科研，学生往往是在阅读理论书籍、期刊、科研成果集之类的文献资料中受到启发，产生联想，或者在实践中，受某一现象触发，产生研究的冲动。因此，一开始会对几个研究方向同时感兴趣，往往拿不定主意。这就要根据选题的原则和策略，在几个研究方向上，根据自己的专业特点和特长所在，选择一个最适合自己研究的方向确立下来，把精力集中在这个研究方向上。一般来说，选择研究方向要考虑以下几点：（1）该方向研究的理论和实践价值，有无继续深入开掘的必要和可能；（2）研究者在此方向有无较多的信息积累和研究基础；（3）相对于其他方向，有无更多的环境条件优势。一旦研究方向确立，就要全力以赴，排除干扰，集中精力，投入研究的前期准备。

2. 分析研究背景

初选课题的提出是研究者初步思考的结果。这个课题可能是重复别人已经进行的、或者结论已被公认的问题，可能研究水平还达不到前人的程度，或者由于问题过于特殊而缺乏普遍性。分析研究背景的主要目的，就是要明确这个问题有什么理论价值和应用价值，同别人已经或正在进行的研究在指导思想、研究范围、研究角度和研究方法等方面有什么联系和区别，了解这个课题是否有确定的必要。

3. 明确研究目标

初步确定了选题方向和内容之后，必须对课题的内容、范围、角度等进行界定，使课题成为一个或一系列有十分确定含义的具体问题。只有这样，才能知道所研究的是某个问题的哪个方面或哪些专题，研究工作才有明确的针对性。

对问题进行分解是明确课题研究目标的基本方法。所谓问题分解，就是把一个大问题按照内在的逻辑关系分解成一系列相互联系的小问题，形成具有一定层次结构的问题网络，使研究的问题具体化，从而达到可以着手研究的程度。

学生要善于把研究的问题分解开，然后根据实际情况和自己的研究能力，将这些小问题分出轻重缓急，再从其中的一个或几个环节入手，确定研究的角度和步骤。这样的研究课题才有可行性。

4. 论证已选课题

课题论证是对选定的问题进行分析、预测和评价的过程，包括课题的初步论证和正式论证。论证的目的是为了避免选题的盲目性，明确研究思路，进一步完善课题方案，创设研究条件，以确保研究的质量。

课题选定后，研究者需要依据课题应具有的特点进行初步论证。初步论证中，研究者要依据翔实的资料，以齐全的参考文献和精细的分析来支持自己所选的课题。这实际上也是一种研究，要求研究者本人对研究课题的目的意义、内容、方法步骤、与课题有关的研究动态、完成课题的主客观条件、最终成果等进行分析、评价和预测。任何一项教育科研课题的确立都有必要进行初步论证。正式论证则是由研究者本人向有关组织提交论证报告或项目申请书，由论文指导老师对课题进行评审。课题论证主要回答以下问题：

（1）研究问题的性质和类型。即具体要解决什么问题，要达到什么目的，问题的性质是什么，属于什么类型的问题。

（2）本课题研究的迫切性和针对性，具有的理论价值和实践价值。即课题为什么要研究，为什么值得研究。如果是应用性课题，应着重说明其实践价值；如果是基础性研究课题，应着重说明其理论价值。

（3）该课题以往研究的水平和动向。包括前人及其他人有关研究的基础，研究已有的结论及争论等，进而说明该课题研究将在哪方面有所创新和突破。

（4）课题的可行性。包括本课题的理论和事实依据及限制，研究的可能性，研究的基本条件和能否取得实质性进展。

（5）课题研究的主要方法以及研究步骤。

（6）课题研究的时间安排是否合理，能否及时完成毕业论文的写作。

四、毕业论文选题案例分析

前面三部分分别讨论了选题中问题意识的作用、主体探寻的过程以及论题确定的途径，从理论上阐明了如何选题以及选题的基本程序，但如同一个初入水游泳的人一样，面对一系列动作讲解还是十分茫然。在理论分析与程序明了的基础上，为了进一步提高论题确定的感性认识，现以某高校教育科学学院教育学专业毕业生选题为例，分析其选题的过程，以此来说明问题意识的作用、主题探寻的过程和选题确定的途径。

（一）问题意识作用实例分析

此学生平时学习认真，勤于思考，出于一种特殊的情感，在大三学习比较教育学的时候，结合课程作业，查阅了许多有关日本教育发展的资料，从中发现了日本教育的一些教育制度同中国相似，如日本大学学年学分制等，有些制度是我们当前教育改革中需要借鉴的，如日本从20世纪90年代末进行大规模的课程改革等，开始对日本教育改革与发展产生了浓厚兴趣，在教学中不断留意积累相关素材，等到大四开始做毕业论文时，就已经积累了相当丰富的日本教育文献。到老师把毕业论文任务布置下来以后，他就倾向于选择日本教育有关题目，较快地确定了大致论文领域与方向。下一步的工作主要是进一步查阅资料，把日本教育研究领域细化为一个更为明确的方向，并列出相应的细目，以供选择，为正式确定自己的论文题目奠定基础。

从中可以发现，论题的选择同平时的兴趣紧密相关，与平时的积累密不可分。如果学生在教学过程中不善于思考，不积累问题的素材，当学生面对毕业论文选择时可能是一头雾水，不知道如何下手，如何寻找论文方向，需要指导教师直接命题。特别是毕业生在大四时面对较多的问题，专业实习、职业工作、公务员报考等等，任务多，时间紧，有时难以兼顾，当学生没有准备时，如果教师不去指导，不提供命题，学生面对选题时，只能匆匆确定，论文质量不言而喻。因此，在教学过程中教师要有意识引导学生形成问题意识，使每一个学生结合自己的兴趣或课程作业集中在一个相对稳定的领域上，不断细化方向，或者在一个小的问题，不断扩大问题域。

通过同学生的访谈也印证了上述分析与判断。在学生看来，课堂是学生问题生成的主渠道，教师在教学过程中对一些问题的阐释与引导能够激起学生对该问题注意，特别是学术水平较高的教师借助艺术性教学力量，把问题探究融入教学之中，直接引起学生的学习兴趣。当教师布置课后作业时，围绕相应的作业主题借助网络对其进行索引与分析，逐渐形成对该问题浓烈的学术兴趣，如果教师在其后的课业主题讨论中采取阐述、辩论等方法，就能够在学生之间出现矛盾与分歧时，促使学生生成更为强烈的问题意识。一部分学生会不知不觉在以后的教学中偏爱相关问题，不断积累素材。同时，学生个人平时经验也是重要的参照点，如果该学生平时阅读过相关学术论文或科普文章，以及经常参与一些专题学术报告，受到报告专家的问题点拨，学生就会基于平时的知识积累与学习经验，引发对相关问题的思考。当教师教学中再次引起相关问题时，就会激起学生主动思考与积极学习的愿望。

（二）探寻论题过程实例分析

在问题意识引领下，如果学生通过文献普查，发现了日本教育中某些问题具有研究价值。但是学生如何在日本教育大框架下探寻论文的主题呢？这时就需要一定思维方式，通过使用怀疑、转换思维角度、类比或深入探究中一种或几种综合的思维方式进一步发现问题。学生可以用怀疑的态度面对已有的资料或观点，思考日本教育活动的众多领域有哪些方面值得研究？为什么值得研究？哪些方向值得研究？研究的价值在哪里？前人的研究已经到达什么地步？有没有继续研究的必要？还有什么空白或缺点值得继续研究？哪些方面是自己所感兴趣的？自己有无能力进行研究？最终这些研究能够提出什么样的观点？如何进一步展开研究等等。这些问题都是在寻找具体问题面临的思维困境。

在上述问题思考的基础上，对获取的资料进行分类整理，找出近年来有关日本教育研究的相关问题，如义务教育问题。深入分析哪些问题是一个热点问题，这些问题是不是一个难点问题，是不是已有研究较多，理论与实践较为完善。作为一个本科生，在阅读过程中如果发现研究的空白，或者不能提炼出有价值的观点与结论，无法突破已有的研究，这些论题学生可以直接放弃。还有些问题，虽然已有研究较少，但由于是他国的研究，如日本义务教育城乡一体化，需要学生有较高的外语水平，其他研究资料难以取得，可以获得的资料非常有限，学生也难以进行下去，这些问题也可以直接放弃。最后选择那些已经有人做过的相关研究，能够获得较多的相关资料，由于这些问题研究得还不够深入，有进一步探究的空间，可以鼓励学生进行深入探讨，试图取得一些突破性进展，如日本教育立法研究、日本课程教学改革的研究、日本教师专业发展研究、日本课程标准研究等，通过进行归类、整理，从中选择一个感兴趣的问题，在较多的文献资源支持下，选择作为学生毕业论文的论题，进行学术训练。作为学术训练性研究，学生也需要考虑到当下的现实教育教学改革，使学生形成积极关注现实问题的价值取向。对于小学教育专业的学生而言，需要结合我国正在进行的基础教育课程改革，选择同区域社会发展过程中教育教学改革的热点问题，通过同与日本相关教育教学的改革主题进行比较，体现选题对于区域经济社会发展的价值与意义。这样的方式，既提供学生选题标准与方法，缩小了学生的选题范围，同时还促进了学生的选题价值。至此，学生确定了毕业论文选题范围定在“日本课程改革与中国课程改革”方面。

（三）论题确定实例分析

在论题探寻过程中，学生基本明确了研究方向为“日本课程改革与中国课程改革”，但是这个选题仍然属于课程研究的领域，论题不明确，覆盖的问题较多，对于一个本科生来说，难以驾驭。实际上，课程可探讨的问题包括很多内容，如课程理念、课程资源、课程设计、课程实施、课程管理等，作为本科生，基于其学术视野与学术基础，难以对这些问题全面研究，需要从课程领域入手，选择其中一个主要问题，再对这些问题细化，设计出一系列子课题，如日本课程设计与中国课程设计比较研究、日本课程实施过程与中国课程实施过程的比较研究、日本课程资源与中国课程资源比较研究等，然后对这些子课题进行分析、比较，再根据自己的专业特长、兴趣点以及自己的已有资料，选择其中之一作为自己可能的研究论题。由于中国的基础教育改革中课程资源的开发和利用是薄弱点，而学生本身对课程资源也比较感兴趣，作者就可以选择课程资源作为研究内容，可以把论题方向设定为“日本义务教育课程资源的经验与启示”。在此基础上，对于知识基础与素材积累较少的学生，可以进一步缩小，专门对某一细小的问题进行研究，如小学课程资源、科学课程资源以及乡土课程资源等，据此提出一系列论文题目，如“日本小学课程资源的经验与启示”、“日本小学科学课程资源的经验与启示”、“日本小学乡土资源开发的经验与启示”等，然后学生根据自己的兴趣与知识积累进行选择，在教师的指导下明确毕业论文的选题。基于这些程序以及基本要求，学生最后选择了“日本小学科学课程资源开发的经验与启示”。

至此，选题基本确定，其题目具备以下三个特点：第一，紧密结合当下的中国课程改革。目前中国的课程资源有待于进一步开发，通过研究日本义务教育阶段小学科学课程资源开发问题，可以为中国的基础教育课程科学课程开发提供借鉴，有重要的社会价值。第二，选题难度适宜。这类选题中所包含的研究内容适中，研究难度适宜，是本科生在比较教育课程学习中通过努力可以达到的。第三，选题的前期研究素材丰富。这类选题已经有人进行了研究，使得学生的研究有一定研究资料作为参考，同时，作为习作性学术性研究，前期研究中存在问题可以供学生分析，为学生思维留下足够的素材空间，如果一些研究内容较小，几乎空白，尽管可以作为新的问题加以研究，但学生难以对现状进行分析与判断，不符合文献训练的宗旨。

作为本科生来说，在确定选题之后，要对选题进行充分论证，从文献综述、核心概念以及选题的必要性与可行性等方面展开论证，为开题环节做好铺垫，让指导教师能够支持该选题，不至于在开题时对题目的大小、合理性等方面有大的异议，甚至出现颠覆性结论。为了避免这种现象发生，学生在自主选择以及指导教师意见基础上，需要进一步查阅资料，针对该主题选择相应的文献资料，主要查询所选论题中有关日本义务教育中科学课程资源。这类查询不能设定范围过窄，最好以核心关键词的方式如“日本科学课程”，或者“日本基础教育改革”

等，查询日本课程改革的大背景、改革动向以及主要内容，把科学课程改革放置于一个更大的范围。同时，在学术论文的基础上，查阅有关图书资料，系统掌握日本教育改革基本信息与核心内容，特别是与主题紧密相关的文献，从而找出改革中出现的问题与经验，明确下一步要解决的问题。其次，要写一篇完整的关于“日本小学教育科学课程开发的经验与启示”的开题报告，在报告里包括日本义务教育科学课程资源的现状、开发的过程与存在的问题，拟解决的课题等；已有研究成果中存在的不足之处；本研究论题的意义，如理论意义、现实意义；研究的创新之处，研究中所使用的方法，如比较法、文献法、调查法；最后还要有具体的时间安排等。

第五章 毕业论文写作

毕业论文是学生从事学术研究的尝试与探索，是大学生完成学业的标志性课程，是对学习成果的综合性总结和检阅，具有特殊的价值与意义。根据《中华人民共和国国家标准 UBG001.81 GB 7713－87 科学技术报告、学位论文和学术论文的编写格式》中规定，学位论文是表明作者从事科学研究取得创造性的结果或有了新的见解，并以此为内容拟定而成、作为提出申请授予相应学位时评审用的学术论文。为了保证本科毕业论文的质量，必须规范本科毕业论文的写作，预防学术不端行为，真实地反映学生的学术水平，提高大学生的科研能力。

一、写作性质、目的和特征

（一）写作性质

毕业论文在文体、内容与形式上，有其自身的特性。从文体上看，本科毕业论文归属于议论文中学术论文的种类。所谓议论文是对某个问题或某件事进行分析、评论，表明自己的观点、立场、态度、看法和主张的一种文体。它包括政论、文论、杂论在内的一切证明事理的文章，通过说理、评论、辩驳等方式，以达到明辨是非，解除疑惑、驳斥谬误等目的。从内容上看，本科毕业论文是一种解决学科中某一问题的，用自己的研究成果加以回答；或者是只提出学科中某一问题，综合别人已有的结论，指明进一步探讨的方向；或者是对所提出的学科中某一问题，用自己的研究成果，给予部分回答。本科毕业论文注重对客观事物作理性分析，指出其本质，表达个人的学术见解和解决某一问题的方法和意见。从形式上看，本科毕业论文具有议论文所共有的一般属性特征，即论点、论据、论证是文章构成的三大要素。文章主要以逻辑思维的方式展开论证过程，强调在事实的基础上，展示严谨的推理过程，得出令人信服的科学结论。“毕业论文作为论文的一种，又叫学位论文，是学生在教师指导下完成的总结性作业。本科学生毕业论文要有一定的尝试，要触及问题的实质，并力求有一定的社会指导意义。”①

（二）写作目的

完成毕业论文不仅是本科生获得学士学位的必要条件，而且可以拓宽学生的专业口径，增强社会适应能力，培养学生的创新能力，使学生的综合素质得到强化和提高。

1. 一次总测试

撰写本科毕业论文是在校大学生最后一次较为全面的评估与检验，是对学生基础知识、基本理论和基本技能掌握与提高程度的一次总测试。大学生在学习期间，已经按照教学计划的规定，学完了公共课、基础课、专业课以及选修课等，每门课程也都经过了考试或考查。学习期间的这种考核是单科进行的，主要是考查学生对本门学科所学知识的记忆程度和理解程度。但本科毕业论文则不同，它不是单一地对学生某一学科已学知识的考核，而是着重考查学生运用所学知识对某一问题进行探讨和研究的能力。写好一篇本科毕业论文，既要系统地掌握和运用专业知识，还要有较宽的知识面并有一定的逻辑思维能力和写作功底。这就要求学生既要具备良好的专业知识，又要有深厚的基础课和公共课知识。由于目前学校的考试方法大都偏重于记忆，限于书本知识的一般性理解，致使学生掌握理论的深度不够和实际运用的能力不高，同时，由于平时很少进行写作练习，到写毕业论文时，才去了解毕业论文写作知识，缺少动手动笔和论文写作知识等问题，这些问题在撰写本科毕业论文时都会暴露出来。因此，通过本科毕业论文的写作，可以使学生发现自己的长处和短处，以便在今后的工作中有针对性地克服缺点，也便于学校和毕业生录用单位全面地了解和考察每个学生的业务水平和工作态度，及时发现人才。同时还可以使学校全面考察了解教学质量，总结教育教学经验，改进工作。

2. 培养解决问题能力

毕业论文可以使他们初步掌握进行科学研究的基本程序和方法，培养学生综合分析问题和解决问题的能力。撰写毕业论文，“重要的是，让学生真正体会到：通过做毕业论文，自己的科研能力得到了提高。”② 科学研究能力又是大学生将来解决际问题能力，特别是解决复杂问题能力的基础。大学生毕业后，不论从事何种工作，都必须具有一定的研究和写作能力。在党政部门和企事业单位从事管

① 李正栓．英语专业本科毕业论文设计与写作指导［M］．北京：北京大学出版社，2008：4.

② 郭长虹．值得借鉴的日本大学生毕业论文的做法［J］．教书育人，2006（5）：96.

理工作，要学会搞调查研究，学会起草工作计划、总结、报告，学会创造性工作。为此就要学会收集和整理材料，能提出问题、分析问题和解决问题，并将其结果以文字的形式表达出来。至于将来从事教学和科研的工作者，更是离不开科学研究，提高解决相关学科的重大问题的能力。大学是高层次的教育，其培养的人才既有较扎实的基础知识和专业知识，又能发挥创造力，不断解决实际工作中出现的新情况与新问题；既能运用已有的知识熟练地从事一般性的专业工作，又能对人类未知的领域大胆探索，不断探索新的科学领域。为此，学校可以采取多种方式，强化实践环节，注重专业实践，采取产学研结合方式。“在毕业论文的教学过程中坚持产学研相结合，是培养应用型人才的有效途径之一。‘产学研结合’的毕业论文能够增强学生解决职业工作的能力。”①

3. 培养创新能力

毕业论文可以在提高学生科学研究能力的基础上，培养其创新能力。通过撰写本科毕业论文，使学生了解科学研究的过程，掌握如何收集、整理和利用材料；如何观察、如何调查、如何作样本分析；如何利用图书馆检索文献资料等方法。撰写本科毕业论文是学习如何进行科学研究的一个有利的机会，因为它不仅有教师的指导与传授，可以减少摸索中的一些失误，少走弯路，而且直接参与和亲身体验科学研究工作的全过程及各环节，是一次系统的、全面的实践机会。通过毕业论文的探究性训练，养成了学生的问题意识，发展了学生的求新求异的思维品质，积累了有助于提升创新能力的基本素养。“毕业论文不仅是学生学习的过程，也是创新的过程。这种创新，既要表现在创新意识、创新思维等素质的养成方面，又要表现在学生围绕实际及理论问题运用知识和信息，从感悟、怀疑到论证、检验、推广等解决问题的创新活动上。”②

4. 提升运用知识能力

首先，毕业论文是高等学校教学计划中最后一个重要的教学环节，是对学生所学知识的总结、升华和检验，是将理论知识与实践紧密结合的桥梁。通过撰写论文把学过的专业知识运用于实际，在理论和实际结合过程中进一步消化、加深和巩固所学的专业知识，并把所学的专业知识转化为分析和解决问题的能力。其次，在搜集材料、调查研究以及具体的撰写过程中，既是运用所学专业知识的过

① 冯志刚，屈宝存，陈明明．“产学研结合”毕业设计（论文）模式的探讨与实线［J］．化工高等教育，2004（2）：96-98.

② 赵建华，李训贵．提高学生毕业设计（论文）质量的思考与探索［J］．广州大学学报（社会科学版），2003（12）：69-71.

程，也是运用与发展学术规范知识的过程。毕业论文撰写不是一般性的文章写作，它需要较为规范的格式与表达话语，仅仅具备了深厚的学科专业知识，缺乏学术规范的知识，难以把研究过程转化为抽象的学术主题与学术形式，供公众学习、理解与批判。因而学生撰写毕业论文还需要在老师的指导下规范表述，同时也是印证教师指导质量与学生学术规范养成的手段。

（三）写作特征

本科毕业论文虽属学术论文中的一种，根据国家标准 GH7713－87，学术论文是某一学术课题在实验性、理论性或观测性上具有新的科学研究成果或创新见解和知识的科学记录；或是某种已知原理应用于实际中取得新进展的科学总结，用以提供学术会议上宣读、交流或讨论；或在学术刊物上发表；或作其他用途的书面文件，具备学术论文的基本要素，但与学术论文相比，本科毕业论文又有自己的特点：

1. 指导性与独立性

本科毕业论文是在指导教师指导下独立完成的科学研究成果。作为大学毕业前的最后一次作业，本科毕业论文写作离不开教师的帮助和指导。从写作的规范、资料的收集、论证展开等等，教师都要给予具体的方法论指导。在学生写作本科毕业论文的过程中，教师要启发引导学生独立思考，注意发挥学生的主动性与创造性，帮助学生明了写作规范，提供主要参考文献和文献分析方法，审定写作提纲，解答写作中出现的疑难问题，指导学生修改论文初稿，等等。同时，毕业论文的指导又是建立在学生独立学习的基础上。实际上，学生为了写好本科毕业论文，必须主动地发挥自己的聪明才智，刻苦钻研，独立完成本科毕业论文的写作任务，才能达到毕业论文撰写的目的。

2. 习作性和学术性

根据普通本科教学计划的规定，在大学阶段的前期，学生要集中精力学好本学科的基础知识、基本理论和基本技能，而在大学生临近毕业的最后一个学期，主要是从事实践教学以及部分专业课程学习，其中在实践教学中需要集中精力完成毕业论文。专业基础知识是写作本科毕业论文的基础，本科毕业论文的写作是对所学专业基础知识的运用和深化。本科生撰写毕业论文就是运用已有的专业基础知识，相对独立地进行科学研究，分析和解决某一理论问题或实际问题，促进知识向能力转化的一种途径。本科毕业论文写作的主要目的是为了培养学生综合运用所学知识解决实际问题的能力，为将来作为专业人员从事相关主题研究做好准备。虽然本科毕业论文是一种学术性较低的研究论文，但是它经过了论文选题、材料收集、系统整理、论文撰写等过程，规范地表达自己的研究成果。因此，本科毕业论文的写作要遵循基本的学术规则，具有一定的学术性。

3. *层次性和创新性*

本科毕业论文比专业研究人员的学术论文的质量和要求要低。专业研究人员的学术论文，是指专职科研人员进行科学研究和表述科研成果而撰写的论文，一般反映某专业领域的最新学术成果，具有较高的学术价值，对科学事业的发展起一定的推动作用。本科生的毕业论文由于受到各种条件的限制，在文章的质量和要求上相对较低。这是因为多数大学生从事学术论文写作的经历较少，有的属于首次较为规范的尝试，缺乏写作学术论文的经验，因而没有养成撰写学术性论文的习惯。同时，多数大学生的科研能力还处在养成阶段，大学期间主要是学习专业基础理论知识，运用知识进行科学研究的训练不足。而且受时间的限制，多数高校留给学生撰写毕业论文的时间大约 10 周左右，在较短的时间内写出高质量的学术论文相对困难。但这并不表明本科毕业论文可以放弃创新的要求，如前所述，学生在写作的过程中，在内容选择与方法运用的不同层面，都可以体现出创新的要求，体现出毕业论文作为一种学术论文所应具有的理论价值。

二、写作规范

本科毕业论文是规范性学术论文的一种形式，所以它的写作必须遵循规范性原则。同时，规范性也是保证质量的关键。为了保证本科毕业论文质量，必须规范毕业论文的写作。“科研行为规范是科技创新必须遵守的规则”，“学术规范既是为了亡羊补牢、有效防范学术流弊，也是为了学术积累与学术建设”①。毕业论文写作基本规范包括格式规范、结构规范（包括内容规范）、语言规范等。

（一）格式规范

本科毕业论文写作一般包括封面、标题、摘要和关键词、目录、正文、参考文献等几个部分。“毕业论文是整个毕业设计思路、内容、方法的表现形式，在一定程度上反映了学生的综合素质，必须严把撰写关。首先论文的撰写要规范化，必须包括：任务书、中英文题目、摘要、关键词；目录；正文；附录；参考文献。论文正文要求结构严谨、层次分明、观点鲜明；必须具备文献综述、方案论证、过程论述、结果分析、结论和总结等要素。”②

① 曾天山．教育科研的视野与方向［M］．北京：教育科学出版社，2009：292.

② 王成华，江爱华．对本科毕业设计工作的若干思考［J］．电气电子教学学报，2003（2）：103-105.

1. 封面

论文成稿后应装订成册并加上封面。封面应写明学校名称、论文题目、专业班级、作者姓名、指导教师、完成日期等。

2. 标题

标题是论文的主题和中心内容的高度概括，是用最少的文字表达论文所阐述的问题，一般控制在20字范围内。要求鲜明、简洁、质朴。如果正标题在20字以内无法清楚表达主题，可加副标题。

3. 摘要和关键词

（1）摘要是作者对其论文全部内容摘出的要点，是论文内容不加注释和评论的简短评述。它的特点是应具有独立性和自含性（即不阅读论文全文就能获得必要的信息）。一般置于论文标题和正文之间。它应力求精练、准确，用第三人称的语气表达，不用“本文”、“本人”等语词表述。摘要汉语一般不超过300字，英文摘要不超过250个实词。

（2）关键词是从本科毕业论文中选出来的用以表达全文主要内容信息的单词或术语。常选3~5个词作关键词，词与词之间用分号隔开，置于摘要的下方。

4. 目录

目录是论文的提纲，反映了论点安排、整体布局、章节联系等。列目录应分清层次，标明页码。

5. 正文

正文是毕业论文的核心内容。本科毕业论文的正文一般包括绪论、本论、结语三部分。

（1）绪论是要对研究这一题目的理由、写作动机、研究方法及论文内容加以简要说明，它可长可短，因题目而异，通常在1000字以内。

（2）本论部分是论文的主体，即表达作者的研究成果，主要阐述自己的观点及其论据。在这一部分应特别注意文章的层次和逻辑性，要以充分有力的材料论证观点，要准确把握文章内容的层次、段落结构以及段落间的内在联系。一般在总论点的统辖下各分论点依次铺开，或并列或递进。篇幅较长的论文常用推论式，即由此论点到彼论点逐层展开、步步深入的写法；也可以采用分论式，即把从属于基本论点的几个分论点并列起来，一个个分别加以论述；或者是两种方法综合运用，论文正文不少于5000字。

（3）结束语是本科毕业论文的最后部分。结论是最终的、总体的结论，而非为正文中各段小结的简单重复，是整个研究活动的结晶，是全篇论文的精髓，是作者独到见解之所在。但是，由于研究工作存在复杂性、长期性，如果一篇论文不可能导出结论，也可以没有结论而进行必要的讨论。在结论或讨论中作者可以提出建议、研究设想、改进意见、尚待解决的问题等等。写结束语时，既要考虑与绪论部分的首尾照应，还要考虑与本论部分的关联，它应是本论部分阐述的必然结果。

6. 参考文献

参考文献的意义在于反映真实的科学依据、论据，以证明自己观点的正确性；反映作者的严肃态度和负责精神，以便于读者查找原始出处；也表示对别人成果的尊重。“参考资料具有提供写作背景，作为立论依据和启迪写作思路等作用，因此，收集数量足够，质量合格的参考资料，是完成毕业论文写作的必备条件。”① 参考文献的表现形式（加注的方法）主要有以下三种：夹注、脚注和尾注。学士毕业毕业论文一般采用尾注的形式。参考文献类型标志为：M——专著、C——论文集、N——报纸文章、J——期刊文章、D——学位论文、R——报告、S——标准、P——专利、Z——其他未说明的文献类型。注释要规范，如：

[1] 专著　作者．书名．版本（第1版不标注），出版地．出版年，引文所在的起始或起止页码。例：魏捷．高等学校津贴分配改革研究［M］．北京：中国矿业大学出版社，2005：20-25.

[2] 期刊　作者．题名．刊名，出版年，卷号（期号）：引文所在的起始或起止页码。例：吴立保．实践知识与教师教育教学改革［J］．教师教育研究，2009（2）：5-9.

[3] 报纸类　作者．篇名［N］．报纸名，出版日期（版次）。例：李大伦．经济全球化的重要性［N］．光明日报，1998-12-27（3）．

[4] 论文集、会议录　作者．题名．论文集名．出版地：出版者，出版年．引文所在的起始或起止页码。例：Fox R L，Willmert K D. 不等式约束的连杆曲线最优化设［C］．译文集．北京：机械工业出版社，1982：232-242.

[5] 学位论文　作者．题名：［学位论文］保存地点：保存单位，年份。例：黄立．橡胶挤出机气膜润滑口型中胶料流动行为的研究［D］．北京：北京化工大学，1992.

[6] 研究报告　作者．篇名［R］．出版地：出版者，出版年份：起始页码。例：冯西桥．核反应堆压力管道与压力容器的LBB分析［R］．北京：清华大学核能技术设计研究院，1997：9-10.

---

① 陈　鹰．关于大学本科毕业论文工作的探讨［J］．华东交通大学学报，2005（12）：257-259.

有的文章也可以加上致谢部分。即在写论文过程中大都得到了他人帮助，为尊重他人和表示礼貌，可在论文后面致谢。校外学生一定要致谢所在实习单位指导老师。致谢中一定要详细说明为什么要致谢，或者致谢某人在哪些方面对自己的帮助等。

（二）结构规范

本科毕业论文要有正确的立意，结构要完整。首先，选题要规范，“选题关系到毕业论文的质量，选题的规范化管理有利于保证教学基本要求的落实，保证毕业论文教学进展的按时完成。”① 其次，结构合理，逻辑严密。即论文的篇章布局、段落划分要安排得当，具有逻辑性，主题突出，层次清楚，各段落之间关系协调，互相衔接等布局谋篇完整。论文的结构安排，要在中心论点的统率和支配下，把各个论证部分严谨周密地组织起来，分清主次轻重，做到层次分明。

1. 结构上存在的主要问题

（1）论文结构不完整。本科毕业论文大致上可以分成三个部分：第一部分绪论，对全文的概括，使读者有个全面的了解，或者导引出问题；第二部分主体，分层展开论述，深入分析问题，阐明论文的主旨；第三部分结论。论文从问题提出、问题分析到结论，结构完整。但有些同学在写作时，有的缺少某一重要部分，如无头（绪）或无尾（结论），不能形成一个完整的文本。如有的开头没有说明课题的来源或研究目的、意义，也不交代调查的手段和方法；有的文章结尾处没有明确的结论，没有个人的观点和见解，缺乏必要的分析和评论等问题，造成论文的结论不完整。

（2）论证条理不清。本科毕业论文一般采用推论式、分论式或者推论与分论结合等方式，文章的内在逻辑结构清晰。如，一篇文章主要是探讨某一事物产生的原因，反映在结构上，必然有因果关系的两个部分，或者是由结果推及原因，或者由原因推断结果，缺一不可。文章要有层次，有条理。在写作中，如果材料安排不当，会造成结构混乱，条理不清。事物之间有各种不同的关系，反映这种关系的材料之间也有各种不同的关系，例如，平行关系、递进关系、接续关系、对立关系等。总之，理清了事物之间的相互关系，并在结构中体现出来，文章的条理才能分明。有的文章缺乏总体布局，出现前后不衔接，甚至前后重复、缺少自然的过渡，导致条理不清等。

（3）论证材料缺少力度。有的毕业论文只有理论分析，从理论到理论，缺

---

① 周新年等．毕业论文选题与分析［J］．中国林业教育，2004（3）：21-23.

少必要的和充分的事例和数字依据；有的毕业论文材料很多，但在选材和组织材料方面不当，缺少周密严谨的逻辑性或缺乏论证的力度。这些方面或材料陈旧，缺乏新鲜感、吸引力；或论据缺乏典型性、必要性，仅凭在特定环境中极少发生的某些事实，得出与该环境中大量事实所不同的结论，因而论证缺乏说服力；或提出论点、罗列论据之后，不作深入分析，没有论证过程，转而草草得出结论；或以偏概全，以点代面，以小论据支撑大论点，论据不足；或结构混乱，缺乏逻辑性。甚至有的存在较多矛盾，如前后颠倒，主次不分明，重点不突出。或论点与论据互相脱节，分析问题时不是从实际出发，从对事实的分析中得出结论，而是用观点去套例子，用事实去印证观点；或前后论点有矛盾，中心论点与分论点有矛盾，或回避论题；或主观臆断，分析不客观，没有进行必要的和充分的论证等，造成论点缺乏完整、科学的印证材料。

（4）绪论和结论不当或者两者不相符。在一些本科毕业论文中，绪论和结论写作不当是一个较为突出的问题，其原因是作者对绪论和结论的作用了解不够，不懂得怎样写好绪论和结论。有些论文的绪论篇幅相当大，却写了一些与本科毕业论文没有多大关系甚至无用的话，离题千里，没有很好地起到导引本论的作用。有些论文的绪论整段抄录教科书的有关内容，对一些取得共知的一般知识，不厌其烦地作介绍，却不认真提及自己的设计任务和课题的意义，没有说清论文的要害所在，因而内容空泛，失去导引的作用。例如，有的论文在写完调查过程和所能获得的数据材料之后，没有结论，没有归纳和总结，也没有评价与建议，看不出研究或设计任务是否完成和完成的质量。有的毕业论文的绪论与结论不相符，仿佛是两篇文章互不相关。

（5）论证方法单一。有的本科毕业论文在论证主题过程中，方法比较单一，文章显得平铺直叙，语言贫乏，学术性不强。例如，有的文章从头至尾采用一种例证法，围绕大论点，提出小论点，用一个事例说明，得出一个大结论，论证缺乏科学性和说服力。有的文章格式单调，往往是现状、存在问题及原因，然后提出几点对策，再加上陈旧的观点和数据，文章没有论证的力度和说服力。有的文章结构刻板，缺乏创造性。要改变这种毛病，需要在文中使用多种论证方法，除了例证法以外，还要学会用喻证法——运用比喻的方法把道理引出来，说明论点的论证方法；类比法——根据两种事物在某些特征上的相似，得出它们在其他特征上也可能相似的结论；对比法——把两种事物加以对照、比较，从而推导出它们的差异点；反驳法——通过否定对方的观点和看法，来阐明自己观点；归谬法——反驳对方论点，首先假设对方的论点是正确的，然后加以引申、推论，从而得出极其荒谬的结论来等，综合运用多种论证方法开展论述。

2. 结构规范应遵循的原则

（1）结构合理、顺理成章。根据毕业论文内容的内在逻辑顺序或认识规律设计毕业论文的结构。是因果关系探究的毕业论文，反映在结构上，必然有因果关系的两个部分。或者由结果推断原因，或者由原因推断结果，缺一不可。如果论述的是事物一般与个别的关系，可以从个别到一般，也可以从一般到个别，或从个别到个别，反映在结构上，从个别到一般，逐一分析个别事物的特征，然后归纳出一般事物的特性；从一般到个别，通过是一般结论在先，而后触及个别事物的特征。如果违背了这一发展逻辑，其结构就会显得不合理。如果论述是事物的对立统一关系时，结构上必然有正反、前后、表里、上下等各对矛盾的两个方面的分析对比等等。作为一篇论文，从思想的发展来说，要一层一层地讲，讲透了一层，再讲另一层意思。开头提出的问题，中间要有分析，结尾要有回答，有始有终，顺理成章。

（2）逻辑严密，条理清晰。文章要有层次、有条理，这和材料的安排处理关系有关。材料之间的相互关系不同，处理方式也不同。如果材料之间有递进关系，则材料之间的次序不可颠倒，一层比一层深入。如果材料有接续关系，前一部分与后一部分有直接的逻辑联系，前一层有未尽意有待后面续接，一个接一个。如果材料是对立关系，文章论述的事理就要体现出对立统一体，表现出正反、表里、前后的对立关系，同时，重点阐明它们之间的辩证统一性，不能将它们孤立地对待。因而在论述时就不能强调一面而忽略另一面。由于毕业生理论功底不是很深厚，在撰写过程中容易犯片面性错误，为强调某一事物的作用，而忽视另一方面，从而造成结论的片面性。

（3）结构完整，首尾呼应。论文结构是文章内容的组织安排形式，论文的结构应是顺畅有序，层次清晰，前呼后应，合乎逻辑。结构的层次清晰，没有重复或相互矛盾的地方，意思连贯通畅，达到了各分论点的证明要求；各层次之间的过渡与照应吻合，起承转合自然得体，各段落之间的衔接紧密；绪论、本论与结论协调一致。

（4）过渡自然，转接细密。古人作文讲究起、承、转、合。起、合是总起、总结问题。承、转是连结、转折问题。要使文章上下浑然一体，上下贯通，连结和转折自然合理。接转是一部分内容与另一部分内容接头的地方。好的毕业论文，接转在文章中起着承上启下的作用，是上下联系的纽带，稍不留意，就会造成脱节。为使接转、过渡得体，必须弄清楚上下两段关系怎样，然后再决定用什么形式把它们联结起来。转折，指两层意思的转换。在论文中也同样有段落作转折，有句子作转折，也有词语作转折。传统的转折手法还有明转、暗转，有急转、缓转。具体选取何种方法转折，要看具体情况而定。

（三）材料和语言规范

在写本科毕业论文中，要从各方面搜集丰富而详细的材料，这些材料是分析提炼主题的基础。主题确立以后，需要材料来证明。但是所搜集的材料是丰富而复杂的，需要经过选择、加工，才能使用。在组织观点与材料时，还要注意用语的正确表达。

1. 常出现的问题

（1）选择材料脱离主题。选择材料必须紧紧围绕主题，为表现和论证主题服务。凡是能有力地说明、突出、烘托主题的就选用，否则就舍弃，这是选择材料的一个基本原则。有些本科毕业论文在运用材料时常常犯不忍割爱的毛病，将一些与主题无关的材料，写进文章里，材料与主题脱节，影响了主题的表达。

（2）选择材料不够典型。典型材料是指那些最有特征、最有代表性，能有力地揭示事物的本质，能集中地表现论文主题的材料。围绕主题选材，但没有必要，事实上也不可能把与主题有关的材料都写进去，必须精选典型材料。有些学生在写本科毕业论文时，往往不注意选择典型材料，把有关的材料不分轻重全部写进去，这样就会造成材料堆积，文章冗长，主题反而不能清楚明白地表现出来。

（3）选择的材料不够真实。论文中用的材料只有真实，才有力量。材料的真实性是指材料确是客观存在的，能反映客观事物的本来面貌。论文中所运用的材料真实可靠，论点才站得住，才有说服力。但有些学生的本科毕业论文选材不准，没有鉴别真伪，引用的历史人物、事件、时间、地点、数字、引文等没有认真地核对，出现误差。这样，文章不能叫人信服。在收集材料时，由于观察不细，调查不全面，或者收集没有调查核实的二手材料，或者为了文章丰富感人，搞所谓的“合理推理”等，造成材料不真实，缺乏印证的力度，出现结果的片面性。

（4）选择材料不新。撰写毕业论文，选择的材料要新颖。材料新颖，才能增强毕业论文的现实性。这就要求在写论文时，要注意发现新生事物，写别人没有写过，或很少写到的人和事。要从不同的角度选材，给人新鲜的感觉。要注意选择新出现的有特色的材料。有的本科毕业论文，选择不新颖，而是用一些过时的陈旧的事例，没有新鲜感和现实性，文章就显得没有说服力。

（5）选择的材料与主题关系不密切。论文中的材料是用来阐明文章的中心思想的。中心论点确定之后，选取的材料必须服从于中心论点。不能把一些不能充分说明问题的材料塞进文章，会造成中心不突出。在选择材料时，与主题有关的材料多用，无关的材料不要用；主要材料要详写，次要的材料要略写；选用材料不要贪多求全，要主次分明。

（6）表达材料的语言不当。一篇优秀的毕业论文，不仅观点要正确，材料要新，而且表达观点和材料的语言也必须准确、流畅、精当。而有些论文在语言表达上也存在一些问题。有的语意空泛难懂、用词不符合规范、誊写标点不规范；有的表格设计不合理，反映事物不准确、不完整，表达不够清楚等问题。

2. 语言规范的要求

各类文章尽管文体不同，各具特点，但对语言表达的基本要求是共同的，这就是准确、简练、生动。本科毕业论文的语言表达同样要求做到简捷、明快、正确、科学等。

（1）语言要准确科学。撰写本科毕业论文首先要求语言准确。准确就是要符合客观实际情况，语言讲求科学性和逻辑性，能准确地表达论文的内容和思想感情。论文中用词和造句必须恰如其分地反映事物的本来面貌，并能如实、贴切地表达作者的意图和思想感情。本科毕业论文的语言质量如何，用词准确，语言所表达的意思才能准确。所以，在本科毕业论文的写作过程中，必须认真推敲每一个词，并在反复精选的基础上，使用最恰当的词语；注意区别词语的感情色彩，用词恰当；要分清语意的轻重，选取完美的词语来准确地叙事言物、表情达意等等，才能保证本科毕业论文质量。

（2）语句要合乎语法规则。毕业论文的语言最基本的就是遣词造句的问题。如果造句能够文从字顺各司其职，那么论文的语言就达到最起码的要求了。句子结构要完整、语言合逻辑，语言要简捷，词语要得当，词序有条理。在句子中，词与词的互相搭配以及词序的安排要合语法规则。

（3）语言的抽象性、学术性与形象性结合。本科毕业论文在具备观点正确、鲜明，语言准确、简练的前提下，还要力求做到抽象性与形象性结合。同时，语言还应体现学术性，但由于应试教育的影响，对专业理论的课程学习，还只是停留在对基本概念的死记硬背阶段，考试答题时不打折扣地照搬书本上或教师讲授的概念。因此在平时的学术研究中，习惯于就事论事，不能作理论提升，造成论文语言缺乏学术性。语言的抽象性、学术性与形象化相结合，是学术论文的语言要求之一。但是任何抽象的概念、带有学术性的语言来自于学科术语、范畴和具体的事实。所以，在毕业论文写作过程中，用词应当求新，挖掘和发现语词中新的含义、新的用法，选词和造句，切忌反复使用。同时，要把理论的概括、学科术语和范畴与形象的描述恰当地结合起来，才能有助于深刻地揭示事物的本质，并使理论易于为人们理解和接受，才能写好高质量的、高水平的毕业论文。

为了规范本科毕业论文的写作，可以通过毕业论文交流，开展毕业论文评比，进行学术批评等方式，以规范毕业论文写作行为。“学术批评实在是学术规范的助产士和学术大师的催生婆。”①

三、写作过程

在撰写毕业论文的过程中，我们可以采用演绎的方式展开写作，也可以采用“扎根理论”的新范式展开论述。扎根理论即研究者参与到研究对象的环境中，采用介入式观察和非结构性访谈等获取资料的方法，系统、详尽地描述、反思研究对象的事实境况，包括物质、精神特征、思想观念和行动逻辑等，然后在此基础上抽象出理论、提升理论的一种研究方法，是一种自下而上建立理论的方法。② 不管采用哪一种写作方式，在写作的过程中，必须制订周密的写作计划和程序，填写好任务书，使师生明确各自承担的任务、课题研究的目的、基本要求与研究进度。

（一）制订写作计划

为了全面分析所要研究课题的基本框架与主要内容，从整体上把握各项工作的进程，稳步推进毕业论文撰写工作，需要有针对性地做好毕业论文撰写的各项准备，合理确定论文撰写的步骤和方法，形成完整而清晰的论文写作计划。写作计划的内容包括：

1. 确定写作框架

部署本科毕业论文撰写工作，可以由学校领导或有关部门通过适当的方式进行动员，使学生明了写作阶段的基本程序，明确写作计划在写作进程中的基础地位。在此基础上，发挥教师的指导职责，首先要学生对开题时提交的研究内容进行分析与研读，框定所要研究的大致范围，并在可能调整的地方，结合新的调研与思考对原有的大纲式研究内容进行修改，细化研究的微观内容。其次要求学生在现有框架的基础上，结合每一部分的实际内容，把各部分所要撰写的方法、图表以及需要另外提供的佐证材料进行标示。最后，不断修改完善，在教师的指导下，确定整个文本的写作框架，为搜集材料以及文本撰写奠定基础。

2. 明确搜集资料的范围

论题确定下来后，指导学生围绕论题收集资料。随着时代的进步与社会发

① 曾天山．教科研的视野与方向［M］．北京：教育科学出版社，2009：295.

② 朱劲松 陈欣．如何完善大学本科毕业论文教学——基于扎根理论的研究［J］．东北财经大学学报，2009（2）：89-91.

展，许多学科的研究日新月异，新材料层出不穷，指导教师很难全部掌握。同时，由于学生的阅读范围和接触范围有限，特别需要指导教师多花工夫，在学生收集资料方面做些准备。这就形成了学生材料需求与材料繁多之间的矛盾。为此，教师应首先掌握素材快速索引方法，引导学生在查找资料过程中少走弯路，提高快速识别有价值材料的能力，确定所要收集材料的大致方向与范围。在收集材料时，要特别注重指导学生学会利用索引工具，利用摘要信息查找相关著作和期刊文献等。

对于文献收集，不能局限于已有研究的学术成果，还应把实践中所呈现的素材融合进去。引导学生把学术成果与实践经验有机结合，把已有文字素材与调查数据有机结合，这就要求教师在毕业论文撰写选材时教育学生注重实践调查，除了网络文献与纸质材料外，深入现场收集第一手资料，增强资料的真实性与可信性。为了收集第一手资料，最好的方式是让学生到实践中亲自调查，“毕业设计（论文）题目确定后，指导教师组织学生按题目要求到相应的生产单位或科研院所实习和调查研究，搜集与题目有关的各种技术资料。”①

3. 制定时间表

制定时间表需要考虑三方面的因素：写作计划的内容、步骤和方法，总体时间安排和阶段性时间安排，以及每一阶段要达到的基本目标。

（二）拟定论文提纲

论文提纲是一个反映论文的基本观点、佐证材料、论证角度和步骤，以及依照逻辑关系层层展开的纲目体系。有利于总揽全局，提纲挈领，从总体上周密地谋篇布局；有利于理清思路，突出重点，探求最佳的论证角度，层层展开论述；有利于建立框架，勾画论文雏形，组织、筛选材料；有利于根据纲目结构，科学安排时间，分段撰写论文；有利于指导教师提出修改意见，及时做出修改、调整。论文提纲是以纲目和纲目结构的形式表现出来的。纲目要紧扣主题和论点；纲目结构要有逻辑性；纲目结构要完整齐备。论文提纲通常包括以下项目：标题、引言、目录纲要、正文标题（三级标题、四级标题等）、基本论点和论证方法、结论等。

（三）撰写初稿

1. 撰写初稿的条件

（1）选题已经确定，并围绕选题搜集到足够的资料，并对资料进行整理与综合，写成文献综述，以明晰选题研究的现状，以避免研究的重复或残缺。

---

① 冯志刚等．“产学研结合”毕业设计（论文）模式的探讨与实线［J］．化工高等教育，2004（2）：96-98.

（2）通过阅读资料，已经确定论文的立论和研究方法。

（3）通过对参考资料的阅读和思考，对论文的谋篇布局和结构已胸有成竹，并且拟订了论文提纲。

2. 写作方式

（1）一气呵成。写作时尽可能不要打断思路，一鼓作气写完全稿，待全文结束后，再进行修改或调整。

（2）分段实施。考虑成熟一部分，完成一部分，分段写成初稿。

3. 注意事项

（1）尽量把想到的内容写出来，写完后再整理或调整。

（2）尽量保持各章、节、条、款、项、段落的均衡，保持文章的完整性、规范性。

（3）注意根据写作进展的需求，适当调整提纲。

（4）边写边加注，引文一定要标注清楚来源，以防止丢失引文的来源，以后难以查找。

（5）遇有疑难时，及时写在卡片上，留待集中检查工具书解决；

（6）随时保持良好的写作状态，保持高度集中的注意力，不要因干扰而中断写作。

（四）修改定稿

为了保证论文的质量，必须对初稿进行多次修改。

1. 修改的内容

（1）订正观点。对观点进一步思考，以防止观点偏激。

（2）验证方法。通过适切的方法，验证观点及佐证的材料是否可靠、科学等。

（3）增删材料。对材料进行精减，去其繁杂的内容。

（4）调整结构。合理的论文结构应具备：一是每一部分都符合论题的需求，对说明、论证论文的观点有帮助；二是有逻辑顺序，层次清楚；三是主次分明。

（5）润色语言。对语言进一步斟酌、修饰。

2. 修改的方式

（1）修改文章必须遵循的一般规律。从总体谋篇审意，从细微处推敲，斟酌字句。

（2）修改文章的具体方法。热改法，即指初稿完成后，趁热打铁，立即修改的方法；冷改法，即指初稿完成后，放一段时间再修改的方法；他改法，即指初稿完成后，请他人帮助修改的方法等等。

3. 打印成稿

根据自己的学习条件或交由专业打印室打印并装订，同时注意纸张质量与打印技术，提供给指导教师或评阅人较为清晰及精致的文本。

四、写作伦理

写作或学术伦理，就是学术共同体内形成的学术研究的基本道德规范，不良的学术伦理严重损害着学术声誉，阻碍着学术进步。“学术不端行为败坏科学界的声誉，阻碍科学进步；学术不端行为直接损害了公共利益；学术不端行为违反学术规范，在科研资源、学术地位方面造成不正当竞争。”① 为此，教育部2009年3月19日颁发《关于严肃处理高等学校学术不端行为的通知》，其中规定“必须进行严肃处理：（一）抄袭、剽窃、侵吞他人学术成果；（二）篡改他人学术成果；（三）伪造或者篡改数据、文献，捏造事实；（四）伪造注释；（五）未参加创作，在他人学术成果上署名；（六）未经他人许可，不当使用他人署名；（七）其他学术不端行为等学术不端行为”。所以，在写作过程中，一定坚守学术伦理。在运用他人的学术成果作为佐证时，要充分尊重前人和他人的学术成果，通过注释、征引等，在有序的继承和创新中推进学术。

近年来，由于学风浮躁、低水平重复、粗制滥造、泡沫学术、假冒伪劣、抄袭剽窃等问题，造成了学术失范，出现了学术领域严重的道德问题。在本科毕业论文写作的过程中，也出现了一系列的学术失范行为。“此次教育行政部门抽查的论文，经网上初步检索发现，有17所院校部分毕业设计（论文）存在抄袭现象，占抽样总数的44.7%”，②“毕业论文的写作越来越流于形式，‘文抄文’盛行且有难以阻挡之势，上网下载论文、贴小广告买卖论文也成了高校学生中见怪不怪的行为。”③ 对学术领域出现的这些严重道德问题，从上个世纪90年代开始，一些学者开始予以关注，时至今日，从学界、政府到社会舆论逐步汇成了一股强大的力量：制定、颁布一些学术道德建设的规范性文件，如教育部发布《关于加强学术道德建设的若干意见》、《高等学校哲学社会科学研究学术规范（试行）》等；编著出版一些学术规范性著作，开设一些学术批评网站和刊物，如“中国学术批评网”、高等教育出版社出版发行的《学术规范导论》等，以规范

---

① 曾天山．教育科研的视野与方向［M］．北京：教育科学出版社，2009：299-300.

② 李炎清．毕业论文写作与范例［M］．厦门：厦门大学出版社，2008：5.

③ 庞凤仙．财经院校毕业论文教学环节的改革［J］．山西财经大学学报，2002（4）：34-35.

学术行为，净化学术领域。

（一）学术伦理问题根源

1. 社会价值观错位

改革开放以来，伴随着社会转型，旧有的规范系统或者发生改变或者失去效力，新的规范系统尚未完全建立起来，这导致社会控制的弱化和人们行为的失范。同时由于市场经济发展中利益和个人本位的凸现，功利主义成为社会主导的价值观念。学风浮躁、学术腐败在没有强有力规范的措施情况下，悄然渗透到高校校园，侵蚀高校大学科学意识，毕业论文写作中也出现了各种学术失范行为。追求真理、探索世界奥秘与规律，实现人类认知水平的提高，是科学活动的根本价值，也是大学生科学态度。但是，由于受功利价值观的诱导，把实际功利作为毕业论文写作的出发点、落脚点。一些学生把“急功近利”放在了“求真”的标准之上等，在毕业论文价值观方面发生了异化。

2. 学术制度缺陷

在毕业论文写作的过程中，由于毕业论文写作制度不健全，从毕业论文写作的指导分配、毕业论文管理与评价等，没有严格的规范制度；在评价的过程中，由于同行或师生关系，碍于情面，学术批评往往只看优点，不说缺点，造成学术价值不真实，影响学术水平提高，出现学术失范问题。学术失范就是学术活动中由于规范真空而未能形成对活动、行为的有效约束，从而导致行为的放任，或者现实的学术体制和学术准则、规范之间发生严重背离，从而导致对毕业论文写作规范的偏离，出现学术不端行为。学术不端行为的主要表现：伪造、篡改数据、剽窃、个人偏见、侵犯别人隐私和利益、剥夺他人的智力劳动。① 同时，评审主体单一，导致评审结果有失公正。毕业论文写作评审制度就是按照一定标准对学术成果的价值进行评价的一系列规则和程序。要保证评审的客观公正性，必须有健全的评议制度。然而，目前毕业论文写作评审的制度不健全，如毕业论文写作评审专家的组成、毕业论文写作质量审查的标准不太科学等，很难保证评议的客观、公正。评议制度与执行制度之间不配套，执行制度包括专家的甄选、评议内容和程序、回避制度、匿名制度不够健全。毕业论文写作学术监督不力。由于学术共同体缺乏有效的互动，毕业论文写作批评缺位，对毕业论文写作抄袭、剽窃以及学术腐败现象虽然发现一些，但是只局限于学界少数人的努力，还没有形成对毕业论文造假行为有效的监督制度，缺乏有效的惩戒制度，在一定程度上助长

---

① 曾天山．教科研的视野与方向［M］．北京：教育科学出版社，2009：297-299.

了毕业论文写作道德问题。

3. 科学精神教育弱化

网络技术的推广与普及，使其呈现出高速高效的特性以及开放性、自由性、信息的共享和无限多样性等特点，这一特点深刻地影响了学术的发展。一些毕业论文违背论文写作道德，从网上随意下载、复制、粘贴别人的成果，然后加以整合而据为己有，因此网络技术的发展对毕业论文写作伦理问题起着推波助澜的作用。毕业论文写作伦理问题在于一些大学生毕业论文写作伦理的沦丧，科学精神修养不够，抵挡不住功利的诱惑，从而背离了科学的精神。同时，毕业论文写作伦理问题也与现实教育状况有直接的关联。由于科学精神培养不够，道德教育弱化，对学生学术精神、学术规范、学术道德教育的缺失，导致学生道德意识淡薄，学习风气浮躁，缺乏严谨的治学态度和社会责任感。对于课程作业甚至学位论文，公然从网上和书刊中随意抄袭、剽窃、拼凑，根本认识不到或者无视该行为是对别人成果的侵权与伤害。

（二）写作伦理教育的策略

1. 营造良好的学术舆论氛围

学术发展离开了健康的学术环境，学术道德状况不可能有根本的改观。因此必须从学术发展的外部环境入手，营造一个公开、公正、公平的学术发展空间。为此要加强学术舆论、学术风气的培养和引导，以科学精神和学术道德进行舆论宣传，对一些优秀科学家或者科学工作者的事迹进行正面的报道，从而使社会真正形成热爱科学、崇尚科学、尊重科学的社会风尚。齐抓共管，“学校、院（系）教研室（学工办）领导均应重视和加强对毕业设计（论文）工作的管理、指导、检查考核和总结”,[①] 全程管理，“为保证管理目标的实现和管理措施的顺利执行，学校应建立校、院、系（教研室）三级管理体制，明确分工，协调工作，强化了毕业设计全过程的管理”,[②] 形成良好的毕业论文写作环境。

2. 加强写作诚信教育

谈到学术失范，科技部副部长马颂德说，解决这个问题，关键还是在于科学家的诚信道德。[③] 学术失范说到底和学术规范的缺失有很大关系，必须参照科学发展的普遍规则并结合中国实际加紧制定切实可行的学术规范。所以，为了规范

---

① 曲有乐等．对毕业设计（论文）的指导和评价研究［J］．佳木斯大学社会科学学报，2001（10）：199.

② 唐桂英等．提高本科毕业设计（论文）质量的实践［J］．安徽工业大学学报，2004（7）：92-93.

③ 李炎清．毕业论文写作与范例［M］．厦门：厦门大学出版社，2008：5.

毕业论文写作行为，首先，必须明确毕业论文写作伦理规范。加强学术诚信教育，以培养学生的学术诚信品质。明确毕业论文写作行为必须遵循的准则和原则，以培养大学生科学精神，形成毕业论文写作的态度，维护毕业论文写作行为健康发展的基本原则和道德素质。其次，加强毕业论文写作规范建设。毕业论文写作规范主要是以社会和科学本身的发展为基点，对毕业论文写作各个环节进行有效管理所要遵循的原则和程序，包括毕业论文写作选题、毕业论文写作评审程序、具体技术性要求等等。

3. 完善质量评价体系

（1）毕业论文写作制度建设。加强毕业论文写作制度建设，把毕业论文写作纳入制度化的轨道，以规范构建毕业论文写作发展的制度屏障，推动毕业论文写作健康发展，使毕业论文写作行为真正做到依章治学。目前，尽快制定好毕业论文写作规范制度，如制定毕业论文工作管理制度、毕业论文工作评价体系和毕业论文评分标准等，规范毕业论文的写作。

（2）完善毕业论文写作考评机制。首先，健全专业化的毕业论文写作考评制度。建立起相应的毕业论文写作专家考评制度、坚持毕业论文写作核查制度和优秀公示制度。“评价评议工作有效地促进了校毕业设计（论文）工作的科学化、规范化。”[①] 其次，毕业论文写作考评程序透明化。制定严格的毕业论文写作评审程序、完善的毕业论文写作评价指标体系、专家构成、评审公开透明，避免暗箱操作。再次，确立科学的考评方法。打破以往指导教师单一主体评价。

（3）加强毕业论文写作监督制度建设。成立专门毕业论文写作检查与评价制度，对毕业论文写作进行全程监督。毕业论文常见的问题有：选题无创见，或重复他人劳动；选题大而空，难以胜任；不能作理论提升，或生搬硬套文学理论；抄袭剽窃以及技术上的若干问题，[②] 所以，必须对论文写作进行全程监控。加强院校之间的毕业论文写作交流，通过毕业论文写作交流，建立良好的毕业论文写作批评机制。加强社会舆论监督，对于毕业论文写作违背学术道德行为坚决及时地予以曝光，从而形成一种强大社会舆论震慑力。

（4）加强毕业论文写作惩戒制度。首先，建立毕业论文伦理问题的举报制度和惩罚制度。对发现和举报违反毕业论文写作伦理的行为，学校、学生或指导

① 唐桂英等．提高本科毕业设计（论文）质量的实践［J］．安徽工业大学学报，2004（7）：92-93.

② 吴　晟．高校文科学生毕业论文撰写中的几个问题——以广州大学人文学院中文系学生为考察对象［J］．广州大学学报（社会科学版），2003（9）：73-77.

教师一经查实，视具体情况严格依照规章制度给予相应处分。对严重违反毕业论文写作规范或伦理的行为，在充分了解事实真相的基础上，给予取消资格和学位等相应处理和处罚。其次，加强舆论曝光和警示制度，开展学术批评。充分利用报刊、电视广播、互联网等新闻媒体，加强对毕业论文写作伦理问题的曝光力度，在社会上形成警示力。开展学术批评，“学术批评一方面研究者要经得起同行的批评；另一方面学术批评也要局限在学术范围内争鸣，积极推进不同学术观点之间的自由讨论、相互交流与学术争鸣。”① 再次，法律责任追究制度。坚持依法治学，对于那些毕业论文写作行为触犯法律者，依法追究其法律责任，乃至刑事责任，使学术腐败受到应有惩罚，以净化毕业论文写作行为。

4. 加强写作伦理教育

在整个教育过程中，不断培养学生的学术道德和科学精神，弘扬严谨公正的科学态度，培养学生坚持真理的信念和决心。通过教育，培养学生学术规范意识，训练学生进行科学活动的步骤和程序，以及所应坚持的规则，唤醒学生学术自律。学术伦理问题的根本在于学术道德自律。学术探索就是探险和摸索的过程，没有崇高的追求作为支撑，很难有所作为。因此学者应该树立崇高的学术精神，牢记社会责任，尊重前辈和他人劳动，诚实地面对科学事实。

总之，毕业论文写作伦理的建设是一个系统工程。我们必须根据学科和科学活动的规律，以及国外学术规范的立法实践，完善和制定毕业论文写作规范，使毕业论文写作行为真正做到有章可循、有规可守；必须规范毕业论文写作程序、毕业论文写作监督程序、毕业论文写作奖惩程序等等，同时做好与程序相关的规范建设，建立制度的调查、反馈、评价机制，以规范毕业论文写作行为。

五、写作指导

（一）论文指导意义

1. 本科毕业论文是大学生在校期间向学校所交的最后一份书面作业，从教师的角度来说，指导学生写好本科毕业论文，是教师对学生所做的最后一次实践训练。调查显示，学生在本科毕业论文写作过程中，自始至终都需要教师的鼓励、帮助和指导。

① 曾天山．教科研的视野与方向［M］．北京：教育科学出版社，2009：295

2. 本科毕业论文的指导过程，是教学相长的过程，是教师检验其教学效果、改进教学方法、提高教学质量的绝好机会。“论文指导教师应该履行指导论文的职责。在这一职责中，指导教师既应该认真帮助学生选题、解惑，进行方法上的指导，也应该对学生进行督促和检查。论文指导教师是提高学生论文质量的核心环节之一。”[①] 平时布置练习，批改作业以及考试测验等，固然也是检查教学效果的重要手段，但这些指导较为分散，缺乏系统性。本科毕业论文写作是学生对所学知识的综合运用，是学生应用理论知识分析实际问题、解决实际问题能力的生动反映，也是对教学效果的一次全面反馈。

3. 本科毕业论文是学生留给学校的一份宝贵财富。教学是一种双向交流的过程，学生从学校教育中发展文化知识，传递学校文化，提升道德品质。同时，学生也以各种方式影响着学校，学生的知识、经验与能力可以通过不同途径对学校的发展产生影响，一部学校的历史既是教师的历史，也是校友的历史；既是教师的辛勤耕耘的结果，也是师生共创的文化结晶。毕业论文是学生学业水平的见证，是学生学术水平的尺度，也是学校学术质量的反映，学生把优秀的毕业论文留在学校会带来有益帮助与启示。通过毕业论文，学校可以不断丰富教师的教学内容，改进教学方式，为低年级学生课程教学以及毕业论文指导起着示范或借鉴作用。同时，毕业论文所关注的实际问题或理论问题，在某些方面也起着填补已有研究存在的空白的功用，毕业论文的发表与公开交流还可以对社会实践产生一定的影响。

（二）指导教师任务

本科毕业论文指导教师担负着重要任务。本科毕业论文的成功与否，与指导教师的关系重大。毕业论文写作从开题到答辩结束为止，历时数月。毕业论文写作中的每一个阶段、每一个环节的质量完成得如何，均直接影响毕业论文的质量以及学生综合素质和创新能力的提高。因而，指导教师必须抓好毕业论文的每一个环节，并以积极、负责、认真的态度做好指导工作。

指导教师的基本任务：第一，启发并鼓励学生明确本科毕业论文写作的意义，排除各种困难和心理障碍，努力写出高质量的本科毕业论文。第二，悉心指导学生完成本科毕业论文写作任务，做到立意新颖，内容充实，格式规范，文字畅达，并作好答辩准备。为了保证指导的有效性，可以在集体与个人指导相结合的方式基础上，采取多种方式进行指导，“一是建立指导小组，实行联合指导，发挥教师群体优势；二是定期举行研讨，安排一些基本实验技能训练，提高研究水平；三是对共

---

① 黄怡．本科生毕业（学士学位）论文指导、管理工作中存在的问题及对策浅析［J］．南开社会学评论，2003（1）：203-207.

性问题或共性实验，实施联合攻关；四是因人施教，注意学生个性发展；五是引入计算机辅助设计手段，改进设计方法，开拓毕业论文（设计）途径”①。

（三）具体指导内容

由于毕业论文写作是学生第一次独立尝试撰写的科学研究方式，所以需要老师的悉心指导，才能顺利完成毕业论文的写作任务。毕业论文是一种个别指导方式，教师的指导体现出该门课程的针对性与个体性特点。然而，在具体的指导的过程中，由于指导教师队伍不足，特别是随着高校招生规模扩大以后，“一些高校教师指导的学生数严重超出了规定，少数热门专业指导教师与学生的比例甚至高达1∶49”，② 教师难以进行全面的指导。另一方面，由于部分教师本身写作素养不高等问题，影响着指导效果。为此，在毕业论文指导上要把好入口关，选择合适的指导教师，通过专兼职结合的方式，增加指导教师总量，改善指导教师结构，适度控制指导教师论文指导数量，通常在10篇以内为宜。在此基础上，加大毕业论文指导力度，主要从以下几个方面开展：

1. 加强毕业论文写作制度建设。在毕业论文写作指导过程中，管理制度至关重要。“加强管理对提高学生对毕业论文的认识程度并完成任务尤为重要。多年的教学管理实践，使我们深感学院对毕业论文工作的重视程度，对能否顺利完成及完成的质量高低具有重要作用，表现在计划的合理性、计划实施中的严格监督、条件的支持等等。”③ 在通常意义上，人们都把毕业论文制度的责任交给学校完成，其实，学校层面的管理制度在运行过程中难免出现偏差，出现运行游离目标情况，这就需要各学科的指导教师结合自身课程特点，提出毕业论文的改进措施。如电子信息技术与应用专业，有的学校以毕业论文的形式提出要求，但在实际运行过程中，指导教师学生需要从毕业论文（严格意义上）转移到毕业论计，从理论层面转向技术实验技术层面，这些有待于指导提出意见进行修改。同时，除了学校制定完善的毕业论文管理制度外，各学科由于主题及性质差异，需要教师个人结合学科特点及个人工作特点制订个性化的指导规则，如对于写作过程中的材料收集内容及方式等，不同学科与指导教师指导过程不同，可以体现主体性。

2. 加强写作知识培训。在指导学生写作之前，通过论文写作知识培训，让学生了解毕业论文写作基础知识，“教师亦可通过若干学时的短课程讲座、学术

---

① 关艳玲等．本科毕业论文（设计）工作的实践与思考［J］．高等农业教育，2001（3）：79-80.

② 李炎清等．毕业论文写作与范例［M］．厦门：厦门大学出版社，2008：5.

③ 周宜君等．关于本科教学改革中的若干问题探讨——毕业论文中的素质训练［J］．中央民族大学学报（自然科学版），2004（4）：367-379.

报告、国内外文献综述等方式向学生传授完成论文必需的基础知识，通过该环节使学生受到创新能力的初步训练。"① 也可以让学生参与指导教师的课题研究，"另一个比较好的方法就是实行'导师制'，鼓励学生参加'导师'的研究课题"，② 在具体的科研课题中经受科研训练。同时，让学生明了毕业论文写作的目的、价值和意义，特别是要让学生真正体会到，"通过做毕业论文，自己的科研能力和综合素质都得到了提高"，③ 不断增强自主发展的动力，调动学生从事毕业论文写作的积极性。

3. 指导学生制订撰写计划。目前，本科毕业论文写作一般安排在最后一个学期，由于学生忙于就业，不能集中精力撰写毕业论文，出现了"就业综合症"，严重影响毕业论文写作时间与进程。为了保证毕业论文的写作质量，需要适时调整毕业论文的工作计划，延长学生毕业论文写作时间，使学生较早地进入以课程论文写作为主导的学术训练，锻炼其独立工作的能力。这样，学生就可以在课程论文训练基础上，逐渐过渡到毕业论文的写作上，进而在指导教师的引导下共同制订合理的写作计划，经过检索文献、查阅资料、实地观测、分析综合、初稿撰写等环节，在预定的时间内完成论文的基本框架，而后对一些细节进行补充、修改、润色与完善，把毕业论文分解在不同的时段。"在大学第 3 年学年论文写作期间，就着手进行毕业论文的部分工作，主要包括确定选题、广泛收集、整理、熟悉相关资料和阅读相关著作，基本完成毕业论文写作的基础性工作。学生在大学 3 年级，没有实习和考研的压力，有充裕的时间完成工作。"④ 这样能够保证学生有充裕的时间，根据写作计划，有条不紊地完成毕业论文写作。

4. 写作构思指导。写作构思指导包括两个相继的阶段，一是指导学生撰写写作提纲，理清课题写作思路，明确写作内容与工作层次。此时，指导教师要结合开题时专家的意见与建议，对开题时的有关写作框架进行修改，调整写作基本内容。写作提纲制订的合理与否，不仅与前期开题时的工作准备相关，是前期文献梳理与调查研究结果，同时引导着后续工作程序与内容。因而，指导教师对于学生的写作提纲要花费较多的时间给予指导，避免出现在文本初稿完成时调整框架的现象。二是指导学生篇章内容的撰写。重点是启发思路，选好角度，明确论

① 朱安丽等．高师物理专业本科毕业论文教学模式的改革与实践［J］．西北师范大学学报（自然科学版），2002（2）：105-107.

② 张　蓓．集美大学本科毕业论文质量的调查分析［J］．集美大学学报，2005（12）：82-83.

③ 郭长虹．值得借鉴的日本大学生毕业论文的做法［J］．教书育人，2006（5）：96.

④ 罗　勇，文　彬．高等学校毕业论文教学环节改革研究与实践［J］．广东青年干部学院学报，2007（5）：50-52.

点，构建篇章框架。在写作过程的具体指导中，教师要启发学生从不同角度思考问题，克服静止和孤立地思考问题、照本宣科的思维习惯，培养学生敏锐的视角，养成主动思考的习惯。在各章框架确定之前，可以让学生先谈自己的想法，指导教师进行全面的分析，针对学生思考中存在的问题，提出建议。指导教师不能不假思考全盘否定，学生也不能不假思索的全盘接受。如果不去思考全盘接受指导教师的意见，学生就会缺乏写作的独立性；如果不采纳指导教师的意见，自作主张，自然也会由于经验不足陷入困境。

5. 参考文献指导。受学术经历与写作经验的限制，指导教师要能够在写作前以及写作过程中提供学生有关参考材料，介绍必要的参考书目。首先，明确提出学习与参考要求，养成正确对待参考文献的态度，不能把参考文献的观点作为自己的观点，要能够从参考文献中找到写作的启发，发现文献中存在优势与不足。其次，要求学生围绕本科毕业论文的主题做读书卡片或者读书摘要，随时就参考文献中有利的信息，或者支撑观点的素材，或者用以批驳的对象，按照文献参考规范如实记录。再次，扩大参考文献范围，强调调查研究获取的信息。指导学生如何开展社会调查，收集第一手资料，做好调查材料的研究和分类，把社会调查所得到的材料，作为写作的素材与论证的依据。

6. 初稿撰写指导。论文初稿是学生写作的阶段性工作，也是学生论文取得阶段性成绩的标志。当学生完成初稿时，常常带有一种成就感，有的也会由此出现失去进一步完善的动力。因而，对于论文初稿一方面要求学生按时提供，确保在规定时间内拿出论文的基础性写作内容。另一方面教师要把初稿反复审阅，提出进一步修改的意见与建议，在保护学生写作热情的基础上，指出学生写作中存在的问题，与学生共同分析问题产生的原因。同时，允许学生对教师的指导意见发表个人的看法，共同确定初稿中存在的关键问题及成因。对于那些要作出重大调整与修改的学生，教师更要耐心地给予指导，因人而异，提供更多的写作指导。

7. 指导学生修改定稿。修改建议必须明确，不能模棱两可。在修改过程中，指导教师与学生均应抱着精益求精的态度，深思熟虑，细加推敲。只有这样，才能保证本科毕业论文的质量，才能提高自己撰写学术论文能力和科研能力。特别是学生要克服浮躁心态，对教师提出的意见与建议不认真思考，要么全盘接受，要么不予考虑。对于指导教师的修改意见，学生要本着谦虚治学精神，对于教师的意见与建议，从学术性、现实性与可行性等方面进行权衡，积极思考，不断拓宽思路，多方求证，丰富完善知识与技能，提高撰写学术论文的能力。对于指导教师而言，当面对问题较多的稿件时，切不可嘲弄与挖苦，需要平心静气，耐心指导，促使学生不断提高毕业论文写作质量。

第六章 毕业论文答辩

答辩是毕业论文的最后一道关口，是检验大学生专业知识的综合运用能力、口语表达与应变能力、论文写作的效用性与真实性、指导教师工作绩效等进行检测的综合评价机制，是学位质量保障机制的不可替代的环节。纵观我国地方高校现行本科毕业论文答辩工作，不难发现，随着高校扩招的影响，地方高校在答辩环节中存在形式化、虚假性、不科学、不规范、无策略等诸多问题。因此，进一步规范大学本科毕业论文的答辩管理制度，提升答辩质量，彰显答辩环节具有特殊意义。本部分从大学本科毕业论文的答辩规范与程序、具体实践策略以及答辩评审等方面加以分析。

一、答辩规范的学理分析

本科毕业论文的答辩规范规定了高校师生在毕业论文答辩环节中的指导思想、实现目标及实施步骤等，是师生践行答辩程序的思想纲领与行动指南。据前期调研，我国地方高校在毕业论文答辩规范方面大都从管理制度上给予明文规定，虽然校际之间差异较大，但大体包括答辩职能、答辩结构、答辩程序、时间安排、工作要求以及成绩评定等内容。

（一）答辩结构

从本科毕业论文答辩流程上，我们将答辩结构分成答辩准备、答辩过程、答辩评审与答辩结果处理等几个环节：

1. *答辩准备*

答辩准备包括院系组织准备、答辩教师准备和答辩者（学生）准备。院系组织准备通常包括毕业论文答辩工作的动员、组建答辩委员会（答辩小组）、学生分组、拟订毕业论文成绩标准以及答辩会场的安排和布置等。答辩教师准备是指参与答辩的教师针对学生毕业论文的撰写规范性、学术性、优缺点、伦理性等进行审查和审阅，初步拟定好要提出的问题。学生准备因学生个别情况而异，既有心理方面的准备，也有知识方面的准备，还有技能技巧的准备等。

2. 答辩过程

答辩过程是基于现场发生的，偏重毕业论文答辩的程序和流程等。答辩过程是毕业论文答辩工作的重心，而建构科学、规范、合理的答辩程序是保障答辩质量的前提和关键。本科毕业论文答辩的一般程序为论文提交、现场自述、答辩小组提问、学生回答、答辩小组评议、总结反馈等方面。

3. 答辩评审

答辩评审是根据学生毕业论文的内容和写作状况，结合答辩现场的陈述和应答等，对毕业生进行综合评价的过程。答辩评审是答辩过程中的核心环节，直接决定答辩质量的高低，是决定学生能否顺利取得学位的关键，常引起师生们的高度关注。

4. 结果处理

毕业论文答辩现场行为结束后，答辩小组要整理答辩记录、签署评定意见，并向院系汇报答辩情况。若出现没有通过答辩的同学，答辩小组还应提出具体修改意见和要求，根据学校相关规定，在院系的统一安排下，做好学生二次答辩工作。

（二）答辩程序

本科毕业论文的答辩程序大致包含以下几个方面：

1. 论文提交

要求毕业生提前 1 ~2 周将经过指导教师审签过的毕业论文及相关材料一并提交其所在的答辩委员会（答辩小组），提交论文的份数以答辩小组成员数量为准。由答辩教师在仔细阅读基础上，重点审查毕业论文的写作真实性，检查学生综合运用所学专业知识的能力，运用文献资料的能力以及选题价值、论证过程、占有材料和结论的正确性等。

2. 现场自述

答辩小组负责人按照院系的统一安排，负责召开本组答辩现场会。答辩小组负责人介绍答辩教师、答辩秘书及本组答辩学生，宣读答辩会场纪律、程序和规则。须答辩的学生按分组进行答辩，一般先要作 10 ~15 分钟左右的论文自述，简明扼要地介绍自己撰写论文的写作缘由及论文的主要观点和主要结论、研究过程和方法、课题的价值与发展前景等，也可以简要表述自己的论文撰写感受等。

3. 小组提问

在听取完学生的陈述后，答辩小组专家对学生毕业论文进行简要评述，并提出若干问题。这些问题涉及面宽广，提问的方式灵活多样，要求学生现场对问题进行详细记录，如遇听不清楚和模糊的地方，允许学生现场咨询求证，方可退场准备。

4. 学生回答

学生返回答辩现场，按照准备好的回答方式回答问题。对于学生的回答，答辩老师可以进一步提问或点评，也可适当鼓励现场其他同学参与问题的研讨。如对答辩老师的评点有所异议，答辩同学可以作解释性或反驳性辩解，展开辩论，体现答辩的研习性学术活动特征，营造学术交流氛围，促进师生交流与教学相长。

5. 小组评议

在学生回答完毕问题后，答辩小组要求学生退场或自行回避，答辩小组根据学生论文的质量和答辩过程中学生对论文内容的理解程度、口头表达能力、应变能力等综合情况，进行合议，商定论文通过与否，并拟定成绩和评语。

6. 总结反馈

答辩小组召集所有参加答辩的同学，并根据本组学生毕业论文的写作水平和答辩情况，做出口头总结，肯定其优点和长处，指出其错误或不足之处，并加以必要的补充和指点。最后，宣布答辩结果。

（三）答辩要求

从某种意义上说，本科毕业论文答辩不仅是对学生毕业论文成果进行评议，也是对学生大学阶段学业的综合考查，更是对指导教师指导本科毕业论文的能力与水平的考量，某种程度上亦可成为考察高等院校教育教学质量的“监测点”。本科毕业论文答辩以其特定的内涵与功能决定了特殊的制度规范和要求。

目前，我国地方高校的毕业论文答辩制度一般都翔实地约定了答辩全过程的具体要求，笔者以我国某高校某学院本科毕业论文的答辩要求为例加以解读与阐释：①

1. 院（系）成立答辩委员会，负责全院（系）各专业毕业学生的答辩工作，统一评分标准。各专业根据专业方向和参加答辩的学生数组成若干个答辩小组，负责有关课题的答辩工作，评定学生的答辩成绩。答辩小组的答辩委员会要求具有相关课题的基础理论知识和专业知识，并有一定的论文指导经验，一般由具有中级以上职称的教师担任，每个答辩小组的成员不少于3人。

2. 凡参加毕业论文的每一位学生必须参加答辩。在答辩前学生必须按照教学要求在规定时间提交毕业论文的全部成果，经指导教师认可、签署意见后方可参加答辩。

① 鲁子爱，王震等．港口航道与海岸工程专业毕业设计指南［M］．北京：中国水利水电出版社，2000：141.

3. 答辩委员会向学生提问的内容为课题的关键问题与课题相关的基本理论、基础知识、研究思路与方法、研究设计及方法等。问题的难度要适中，不得故意提出偏题、怪题来刁难学生。

4. 答辩时间总共为1周，一般评阅安排2天时间，答辩评分安排3天时间。每个学生的答辩时间约50分钟，加上评分时间。每个答辩小组的答辩学生一般不宜超过20人。

5. 参加毕业论文指导的教师一般都要参加答辩，但原则上规定不能与其所指导的学生在同一答辩组，若在安排上却有困难，可采取在答辩过程中调整答辩委员的方法解决。

可见，答辩要求针对院系教学单位、答辩教师、论文指导教师和答辩学生不同类型的答辩主体，具体规约了答辩组织与管理、答辩时间安排、行为职责等内容。

除此之外，毕业论文的答辩制度主要包括：指导教师回避制度、学位淘汰制、设置答辩成绩降等率等。

（1）指导教师回避制度。毕业论文的指导教师不直接参与自己所指导学生的论文答辩工作，这有利于答辩小组更好地开展工作。

（2）学位淘汰制。并不是所有进入答辩环节的本科毕业论文都能顺利通过答辩，也即存在一定比例的淘汰率，改变长期以来我国本科阶段学位论文答辩工作长期形成的“只能通过、不能失败”的错误思想观念，以期端正学术风气，提升学位质量。

（3）答辩成绩降等制。根据学校具体实际情况，设置一定比例的学生答辩成绩降等率，进一步匡正师生对毕业论文的重视程度，让指导教师的评阅结果成为答辩过程和答辩评审的参考，而非最终成绩。

答辩制度与要求是不断完善的过程，各地方高校都在积极探讨进一步深化本科毕业论文答辩工作的机制与相关制度。这些答辩工作制度意在引领大学生对毕业论文的重视程度，加大对毕业论文的投入，同时也促进教师加大论文指导力度，提升指导教师指导水平，其终极目标在于有效提高大学毕业生的培养质量，为社会输送更多优秀人才。

（四）对答辩规范的进一步思考

目前，随着我国地方高校招生规模的扩大，毕业生人数激增，本科毕业论文的指导和答辩工作难度加大，不少地方高校在本科毕业论文答辩环节上暴露出很多问题，亟待教育主管部门与高校教育工作者共同解决。大体上说，我国地方高校在本科毕业论文答辩规范上存在以下问题：

1. 流程缩水，答辩程序流于形式

答辩程序或流程是为进行本科毕业论文评价活动和过程所规定的必要途径。然而，近年来部分高校对本科毕业论文答辩工作重视不够，在答辩程序问题上持“弹性”立场，忽视答辩工作的本质功能，即淡忘了答辩作为一种特殊的培养教育形式，是对本科毕业生学术能力的综合评判活动，能够充分检验本科教育教学质量与水平。答辩流程缩水现象严重，过分简化答辩程序，致使本科毕业论文答辩工作流于形式，势必造成很多学生在思想上不重视论文的写作，让就业冲淡了毕业论文的价值，直接导致当前本科生毕业论文质量下降。

2. 现场失真，盲目追求“高效率”

笔者在参与一些本科毕业论文的答辩现场中发现，一些答辩委员会（答辩小组）的教师没有做到基于现场的提问和评述，很多情况下都是事先将所提问题交与答辩学生，让学生有充分的准备时间，轻松上阵，以便提高答辩现场的“工作效率”。殊不知，这种做法只会造成学生对答辩不重视，失去了答辩的现场效应，对后续学生的答辩工作产生不良影响。

3. 操作不规范，答辩分组规模过大

本科毕业论文答辩分组应在专业划分的基础上，以论文的研究方向为基准，相应安排有学术专长的教师担当答辩教师，合理组建答辩委员会（答辩小组），实现答辩师生在信息和知识量上的不对称，从而保证答辩的实际效果。反观现实，不难发现许多高校本科毕业论文答辩分组不合理、不科学、不规范现象严重，学生分组数额庞大，以效率掩盖效果。

造成上述问题的原因是复杂的，有高校扩招的影响、就业形势严峻等客观因素，当然更有师生对本科毕业论文不重视以及高校教学管理疏漏等主观因素。因此，加大制度建设与完善是我国地方高校提高本科毕业论文质量的当务之急，同时，建构毕业论文制度有效实施的监督监控体系尤为重要。

二、答辩策略的实践探讨

从实践层面来看，组织、实施与应对本科毕业论文答辩工作有一定的实践策略，我们试从答辩过程出发，将其分为答辩准备策略、教师提问策略和学生应答策略等三个方面内容。

（一）答辩准备策略

1. 学校准备策略

当前，我国地方高校毕业生人数激增，这给毕业论文答辩工作带来一定的影响，学校只有具备相应的准备策略，做好相关组织工作，才能保证答辩工作高效有序地运行。

（1）答辩教师的组合。高校本科毕业论文答辩工作一般是由毕业生所在的院系安排部署，院系成为高校本科毕业论文答辩工作的实际执行单位。针对毕业生人数较多的情况，院系首先应成立答辩委员会。答辩委员会一般由院系负责人和所有毕业论文指导教师组成，下设若干答辩小组，答辩小组一般由组长、三至五名教师和答辩秘书组成。答辩教师应以单数为宜，且成员间应有合理的专业结构、层次结构和职能结构。专业结构方面：应以毕业论文的学科专业为依据，由专业基础课、专业课、相关专业课的教师和实际工作者构成，其中实际工作者也非常必要，对于考察理论联系实际的能力有不可或缺的作用。层次结构方面：应有教授、副教授、讲师等不同层次的人员，便于从不同层次考查学生。职能结构方面：主要是组长、秘书的分工应科学合理。① 学生毕业论文的指导教师应采取回避制度，不能参与答辩小组的工作。

（2）答辩学生的分组。对于答辩学生的分组原则上应采取专业划分标准，答辩分组具体工作应由各专业教研室统筹安排，近年来由于学生毕业论文研究视域的扩大，在答辩分组时院系答辩委员会可以考虑以学科研究方向为分组的基准，安排相关专业教师参与答辩，如遇跨学科或与实践联系比较紧密的论题，可外聘相关学科人员参与答辩小组。答辩学生的分组数额应适中，一般在10～20名之间，规模过大的分组势必造成答辩时间紧张，容易导致答辩流于形式。

（3）答辩时间安排。高校本科毕业论文答辩工作一般安排在学生毕业前的两至三个月期间举行，由于毕业生面临巨大的就业压力，很多学生对毕业论文答辩时间不能兼顾，有的学生甚至因提前顶岗而不能如期答辩，还需等待二次答辩。因此，地方高校本科毕业论文工作在时间安排上应全盘考虑，毕业论文的布置与撰写环节应置于毕业学年的第一学期进行，让学生有充分的写作时间，从而也能给答辩工作预留充分的准备时间。

（4）答辩会场的布置。毕业论文答辩会场的布置会影响论文答辩会的气氛和答辩者的情绪，进而影响到答辩会的质量和效果。答辩工作本身蕴含一种庄重的学术仪式色彩，学生在面对身份、地位和知识信息量不对等的教师时，往往会造成心理紧张等不良情绪状态，影响答辩成绩。所以，答辩会场的布置不应过分

---

① 崔文凯．怎样搞好毕业论文答辩——毕业论文答辩操作研究［J］．天津成人高等学校联合学报，2002（2）：37-40.

渲染严肃气氛，以盆花、开水、帷幔等物件加以缓解调和，尽量创设一个良好的答辩环境，让学生更好地展示和发挥水平。

2. 学生准备策略

（1）知识准备

完成毕业论文撰写不是毕业论文工作的最终环节，毕业生还要做好关于答辩的准备工作。毕业论文蕴含或反映着本科学习阶段的综合素养，答辩环节重在考核学生专业知识储备、思维应变能力以及学术潜质等学术素养。要做好答辩问题的应答，知识准备是基础与前提。包括毕业论文选题的动机、研究综述、毕业论文的主要观点、解决的问题以及该问题的理论意义和实践意义等，这些与毕业论文直接相关的知识和内容是答辩过程中教师提问的主体。很多大学生毕业论文完成便束之高阁、不予过问，在答辩过程中甚至连毕业论文的主要论点都把握不清，致使答辩成绩很不理想。

一般来说，答辩者要准备好以下几个方面知识：为什么选择了这个题目？该课题研究有什么学术价值和现实意义？这个课题研究的历史和现状如何？即这个课题过去有什么人做过哪些研究？取得过什么样的成果？有哪些问题还没有得到解决？自己有什么新看法？提出并解决了哪些问题？该论文的基本论点和立论根据是什么？重要引文、参考文献的出处及版本？还有哪些问题应该涉及或应该解决？①

除此之外，答辩者还要了解和掌握与自己所写论文相关联的知识和材料，毕业论文的研究方法、研究思路，论证材料的来源渠道，涉及实验、调查的过程等。对上述内容，学生在答辩前都要很好地准备，经过思考和整理，这样在答辩时就可以做到心中有数，从容作答。

（2）心理准备

在心理方面，部分大学生在本科毕业论文答辩过程中出现紧张、焦虑、缺乏自信，以致声音过小、语言含混不清、思维不流畅、眼光不敢和专家、观众正面接触，答辩冷场甚至中断现象时有发生。因此，答辩者有必要调适好心理状态，勇于面对。

首先要明确答辩的目的和意义。答辩过程是在答辩教师经过对论文初步审阅的基础上，经过提问、申述和答复，进一步审查论文写作的真实性，考核作者对论文中所涉及的有关基本理论知识和专业知识的认知深度，使其对论题的认识得

① 储南玉．经济论文的答辩［J］．山西财经大学学报（高等教育版），2002（4）：38-40.

到不断深化，完善论文撰写技巧，并根据论文答辩的实际情况评定其论文成绩。[①] 对学生而言，答辩不仅是对论文质量的检测与评价，也是论文撰写的继续与升华。答辩有问有答，有述有辩，促进学术加深对论题的理解和把握。答辩还能起到考察学生的临场发挥能力、语言表达能力、思维活跃能力的效果。总之，答辩对毕业生而言是一件有价值有意义的教学事件，大学毕业生理应认真对待。

其次，在认真撰写好本科毕业论文后，树立自信便成为答辩心理准备的第一要领。很多大学生正是由于自信心不足，才导致答辩过程出现紧张等一系列心理问题。自信心虽不是一朝一夕能够培养出来的，但面对本科毕业论文答辩，大学生只要确保自己毕业论文的真实性与学术性，就能够获得答辩专家的肯定。而克服现场恐惧和紧张心境，需要答辩者调整心态，如提前做模拟答辩演练、努力适应答辩环境；进行积极的心理暗示，克服恐惧、紧张的心理；预判答辩教师拟题的一般规律、原则及问题等准备，以应对现场的紧张情绪。相反，也要克服轻视答辩的倾向和态度。有些大学生自认为毕业论文已经做得相当完美，便束之高阁、不管不问，答辩陈述丢三落四，回答问题张冠李戴，一旦遭遇答辩会现场教师有难度的问题时，便束手无策，追悔莫及了。

（3）策略准备

本科毕业论文答辩从某种意义上讲也是一门学问，需要一定的方法和策略加以应对。笔者认为，本科毕业论文答辩除了知识等方面的准备外，至少还要从三方面策略加以准备。

首先，要了解答辩程序，从容应对。大致了解本科毕业论文答辩的一般程序和流程，让自己知道答辩将要进行到哪一环节，下一步该做些什么，等等。这样才能做出预判，从容应对答辩环节的每一步。

其次，准备好资料和用品以备所需。这里所讲的资料和用品指的是毕业论文稿件、相关资料文献、记录本和文具等，这些物品都是答辩过程可能使用的必需品。记录答辩小组提出的问题很显然需要纸笔这些物件，而且，一般高校答辩会现场在答辩小组提出问题后，答辩者可以到场外准备应答，携带论文底稿和主要参考文献资料就可以发挥其作用。甚至在回答过程中，允许翻看自己的论文和有关参考资料，这样就可以避免出现答不上来的尴尬和慌乱。

再次，准备好答辩报告。答辩报告一般应包括以下一些内容：选题的缘由、目的、依据和意义，本课题研究的学术价值，以及课题研究的起点和终点。既要写成课题已有研究做了哪些方面的工作，又要突出自己在哪些方面有新的进展，

---

① 聂万贤．规范毕业论文的答辩程序 切实提高论文工作质量［J］．党校教育，2000（3）：46-50.

解决了什么问题；毕业论文的主要观点和立论的依据；自己研究所取得的主要研究成果及其学术价值，研究中还存在的欠缺与问题以及今后的打算等。这些内容不是对论文内容简单的复述，而是对论文进行高度的概括、综合、提炼、充实和剖析。[①]

最后，保持谦和态度，规范作答。论文答辩的过程也是学术思想交流碰撞的过程，允许答辩者有发表不同意见的机会。但整个答辩过程的始末，答辩者都应该充分尊重答辩小组专家的观点、思想和看法，保持谦虚温和的态度，言行举止要有礼貌。回答问题和辩论要注意做到尊重别人，特别是与自己观点相左时，应答不能强词夺理，执拗一端。答辩结束，无论专家提出什么意见、对自己的答辩是否满意都要从容有礼貌地退场。

（二）教师提问策略

教师提问是论文答辩过程中的最重要元素，也是学生参与答辩过程最关心的热点。答辩中通过教师提问能够将论文答辩的思维从论文写作的平面进入思维交汇的立体层面。此时，学生的思维不再是单面的，而是多维的，面向导师和同学的多极式的挑战。[②] 问题的质量能反映出答辩委员会教师的学术水平和教学态度如何，能检测学生毕业论文的独创性和写作质量，直接引导答辩者的思维，最终影响和决定着答辩的质量和效果。

1. 教师提问的基本原则

（1）主题相关原则。即要求答辩委员会教师所提出的问题一般是围绕学生毕业论文主题的范围展开的，有时可能适当延伸，但不会离题太远，否则，学生将无所适从，失去了答辩应有的本义。

（2）难易适中原则。即在所提的问题中，既要有比较容易回答的问题，又要有一定深度和难度的问题，同时，应按照先易后难的顺序，让学生形成一定的心理缓冲。对某一篇论文所提问题的深浅难易程度的把握，有时还应与指导老师的建议成绩联系起来，越是优秀的毕业论文，越是需要答辩教师认真把关，将问题设计的难度提升。

（3）避免重复原则。尽管本科毕业论文的答辩中，答辩教师有时会提出一些带有复述性质的题目，这是有其特定目的的设计和安排。但从一般意义上说，答辩教师应尽量避开学生毕业论文中已经论证清晰，或者在自我陈述中有详细说明的内容，简单重复和复述论文中的部分理论和知识内容达不到论文答辩的教学

---

① 姚先国等．经济类学生毕业论文写作指导［M］．杭州：浙江大学出版社，2004：63.

② 施文青．论文答辩中论据答辩的难点疑点剖析［J］．阴山学刊，1999（9）：83-86.

目标。

（4）启发诱导原则。论文答辩的最初目标不是为了故意刁难学生而设计难以回答的问题，而是为了使学生反思毕业论文存在的问题，为进一步加深该问题的研究，提升研究能力提供思考空间。因此，答辩教师在设计问题时要遵循启发诱导的原则，引领学生积极思维，认真思考，将课题研究引向深入。

（5）点面结合原则。要求答辩教师既要对学生毕业论文的框架结构与通篇布局、内在逻辑体系、论文的独创性与真实性考察等类似问题进行全盘考虑，进而提出“大而全”的问题；又要针对学生论文的具体内容、语言组织、实验数据、参考文献等“小而细”的问题展开提问。问题涉及面广会给学生更多的发挥机会，同时亦可全面检验学生对论文各个部分的撰写实情；问题涉及面小能凝练学生的思维，检测学生对论题的深度把握。

2. 教师提问的类型与方法

尽管在毕业论文的答辩过程中，教师的提问具有现场性和即时性特性。如果从时间上划分，答辩教师的提问有两种：一是在教师答辩准备期间，在审阅学生毕业论文时所产生的要进一步探寻的问题；二是答辩过程中，根据答辩者的陈述，现场提出的问题或追加的问题。

也有学者从提问对实现学位论文答辩的目的所起的作用分析，将教师提问划分为两大类：一是台阶型问题。它通常涉及对学位论文整体水平的评价并受论文制约，譬如学位论文内容的科学性、所使用的方法的正确性、材料的可靠性、结论的创造性等。此类问题对学位申请人能否通过学位论文答辩形成一个个台阶，答辩人必须跨过这些台阶，才表明其达到了学位条例规定的学术水平，才有可能通过答辩。二是斜面型问题。除台阶型问题之外的其他提问均可归入此类。它通常涉及学位论文中的某个具体问题或申请人的某个学术观点，并且可以不受论文内容的制约。答辩人回答此类问题的具体情况对于其能否通过学位论文答辩一般没有影响。①

对答辩教师提问的具体方法分析，有学者的研究更为细致，将答辩教师的提问分类作以下几种归纳：②

① 一次性提问法。一次性提问法适于提出较大的问题，适于考查学生系统思考、全面表述问题的能力。

② 追问式提问法。有些问题可采取追问的方法，步步把问题引向深入。“追

① 陆剑雄．对学位论文答辩质量的思考［J］．江苏高教，1999（6）：76-78.

② 崔文凯．怎样搞好毕业论文答辩——毕业论文答辩操作研究［J］．天津成人高等学校联合学报，2002（4）：37～40.

问法”适于考查学生针对性定向思维、快捷思维、深入思维的能力。例如，《试论依法治军》一文，先问“请简述依法治军存在那几种认识上的偏差”，然后针对学生回答的“认为依法治军会削弱党的领导的威信”，问：“会不会削弱”和“为什么不会?”

③ 启发式提问法。答辩不仅仅是“考查”，而且是一种“教学”。“启发式”提问是调动学员思维潜力，把答辩的“教学”功能开发出来的有效手段。例如，《对当前企业避税的调整与措施》一文，其标题存在着概念模糊问题。首先问“企业避税是合理的还是不合理的?”学员回答“当然是不合理的。”接着问“对不合理的东西用‘调整’一词是否恰当？因为‘调整’一词是中性词，多用于中性对象。如‘对政策调整’。”学生一时不能理解。接着进一步问“一般对偷漏税行为用‘防治’或‘防范’，那么你的文章标题是否应当修改一下?”这种提问即为启发式提问。

④ 示范式提问法。有些学生回答问题不得法，有必要给以示范演示。例如，在向学生提出“为什么要选择，国有企业职工思想政治工作这个选题”时，学生回答得不得法，话是讲了不少，但没有讲在点子上。于是导师做了示范式的引导，“当前企业的思想政治工作不好做，国有困难企业的思想工作就更不好做。为此，我选择了这个很有实际意义的难题，以期尽策尽力。对下一个问题请按照这种思路回答。”对后面的回答提供了范例。

⑤ 补充式提问法。主要用于各位答辩导师提问之间的相互补充。

⑥ 归纳评价式“提问”。结束答辩时，应对学生的答辩进行简单的归纳或评价。

3. 教师提问的具体策略

每一篇毕业论文都有特定的内容、形式和不足，根据毕业论文的不同情况，答辩教师的拟题必然是千差万别的，即便是同一篇毕业论文，不同的答辩老师所要提问的重点也会有所不同。尽管如此，答辩教师在对学生毕业论文审查过程中，还是有一些提问策略与思路可供参考：

首先，对毕业论文的独创性进行分析、审查并提问。近年来，高校本科生毕业论文的“掺水”现象严重，需要严格把关，特别是规范答辩管理环节，要让论文答辩成为本科毕业论文质量的最后保障。这考验着高校管理部门对毕业论文答辩的监控管理水平，同时也在锤炼答辩委员会（答辩小组）教师的实践智慧，检验毕业论文的真实性和独创性遂成为答辩教师首要考虑的现实问题。

实际上，这一问题可以在学生提前交论文到答辩开始的时间里进行，也可以在答辩过程中，通过提问从而得以进一步的求证。教师可以从以下几方面对学生的毕业论文进行提问以检测其真实性与独创性：毕业论文写作的内在逻辑主线；询问学生是否知晓论文中的非核心概念的内涵；简述论文研究综述的进展情况；检查论文中引用的参考文献是否真正阅读过；最终研究成果中的主要论点形成的理由，等等。通过对这些方面的询问和分析，答辩教师基本上可以判断学生该毕业论文是否真正为自己研究和撰写的成果。

其次，为考查学生对论文涉及的专业知识、基本理论的把握程度而提问。考查学生对论文涉及的专业知识、基本理论的把握，这类问题实际是为探测毕业生的知识素养和理论水平的高下，这涉及毕业论文中的基本概念、基本理论及其运用情况等。答辩教师对这些方面的提问能大致判断学生在大学专业学习中的学业水平，甚至在某种程度上，也是对毕业论文指导教师指导效果的检测。

答辩教师如果想提及此类问题，可从两方面入手。一方面可以从基本概念入手进行提问，包括概念的界定、概念的使用范围以及与相关概念的区别和联系等。比如一名学生的毕业论文为《论计算机在现代生活中的作用》，老师提出问题：什么是“千年虫问题”？这个问题是怎么解决的？学生答道：“千年虫问题”是一种病毒，用杀毒软件就可以解决这个问题。显然这样的回答是不正确的。所以通过（概念的）延伸可以丰富思考，扩充论文的内容，增强论文的厚度，[①] 为学生答辩论题及进一步研究奠定良好基础。另一方面，答辩教师也可以从基本理论着眼，对某一理论的渊源、出处、适用范围、运用情况、存在的不足和缺憾等都可以试探性提问，以检测学生的专业素养和理论水平。比如，一名学生的毕业论文设计题目为《计算机网络实验系统的设计》，答辩老师的问题是：在你的系统中为什么采用 B/S 结构？……如果将你的系统改用 C/S 结构怎么样？这样通过对相关理论知识的提问考查，使学生加深了对专业理论知识的学习与理解。

再次，抓毕业论文的薄弱环节和不足之处，展开提问。围绕论文本身的薄弱环节，如属于作者应该具备的基础知识，但又是论文中没有说周全、没有论述清楚的，存在相互矛盾的地方，或者是论文来不及展开评说，或是限于篇幅结构不便详尽细说的问题，答辩教师可以请作者在答辩中补充阐述或提出解释。由于毕业论文之间千差万别，作者在撰写过程中暴露的薄弱环节与不足之处也因人而异，下面以两则实例加以说明。

例如，在一篇题为《把股份合作制引入开发农业之我见》的论文中，答辩

① 姜孝军，辛国强．毕业论文答辩中存在的问题及对策研究［J］．吉林工程技术师范学院学报，2007（10）：65-66.

时，答辩老师提出了如下三个问题：（1）请简要谈谈学术界对股份合作制性质方面的争议。（2）合作经济与股份制经济有何区别？（3）稳定家庭联产承包责任制与发展股份合作制有无矛盾？请简述理由。

又譬如，在《把山区经济推向市场的思考与对策》一文中，答辩时，答辩老师提出的三个问题是：（1）你在写这篇论文时，收集了哪些方面的资料，是怎样收集的？（2）市场有几重含义？与此相联系，你是怎么理解市场经济的？（3）请你谈谈把山区经济推向市场的有利条件和不利因素。①

毕业论文的薄弱环节和不足之处往往是学生最担心答辩老师提及的地方，是论文的“软肋”。如果答辩教师紧扣薄弱环节和不足之处进行提问，能有效激发学生对答辩问题的思考，积极找寻应答的策略。

最后，针对写作过程、研究方法、应答过程等其他环节展开提问。本科毕业论文答辩工作不仅是对学生毕业论文最终成果的质量检测，也是对论文从选题到撰写全过程的考察，所以，针对本科毕业论文写作过程的提问亦是答辩问题范畴之一。不仅如此，答辩也可以审视毕业论文作者的研究思路与研究方法是否合理，甚至对学生在答辩过程中的应答环节提出问题。针对写作过程、研究方法、应答过程等其他环节展开提问是本科毕业论文答辩的补充性问题、辅助性问题，但对此绝不能视之可有可无，简单淡漠以至视而不提，其实这是一个误区。因为上述我们讨论教师所要提问的主要方面，答辩者很有可能早有预测，甚至已经精心准备好了，答辩也就成为“过场”而已。而对于非核心问题的提问往往能探测出学生真实水平和实际状态，特别是针对学生在答辩过程中的现场表现追加提问，势必造成答辩者有所顾虑，即兴思考，即时回答，实现答辩的目的和要求。

（三）学生应答策略

学生在答辩过程中要遵循以下几条基本策略，以更好地应对答辩教师的提问：

1. 仔细聆听，适当记录

由于答辩过程是在现场进行，答辩小组围绕论文的提问很多也是即兴提问，虽然给答辩者留出一定的时间准备，但对于答辩者而言，也算是一种考验。这便要求答辩者认真倾听答辩教师的提问，注意力要保持高度集中，问题过长情况下要做适当记录，避免遗漏，以便思考。对于听不清、弄不明白的问题，答辩过程允许学生及时向答辩老师询问求证，可以请提问老师再说一遍。如果对问题中有

① 某高校“经济学专业毕本科毕业论文”答辩记录.

些概念不太理解，可以请提问老师做些解释，或者把自己对问题的理解说出来，并问清是不是这个意思，等得到肯定的答复后再做回答。只有这样，才能答到点子上，切忌抱着蒙混过关的态度，答非所问，最终影响答辩成绩。

2. 语言清楚，例证具体

一般地，本科毕业论文答辩有10～15分钟左右的答辩思考准备时间，这时，答辩者已暂时退出答辩现场，这时可借助携带的文献资料、论文的原初稿件，认真分析答辩教师所提的各个问题，仔细推敲主答辩老师所提问题的要害和本质，在弄清了主答辩老师所提问题的确切涵义后，要在较短的时间内做出反应。答辩者可适当罗列应答提纲，帮助理清作答的思路。在作答过程中，答辩者首先要保持自信。答辩时要充满自信地以流畅的语言和肯定的语气把自己的想法讲述出来，应力求语言简明扼要，吐字清晰；思维明晰，条分缕析，层次分明，详略得当；例证清晰、具体，数据真实可靠，论证充分有力；另外，讲话要注意分寸，不可过于绝对化，力求全面而客观。

3. 实事求是，态度端正

从某种意义上讲，学生在准备毕业论文的答辩过程也是一个端正思想态度的学习过程，有时答辩委员会的老师对答辩人所做的回答不太满意，还会进一步提出问题，以求了解论文作者是否切实搞清和掌握了这个问题。对答辩老师所提出的问题要审慎地回答。有把握的，可以申明理由进行答辩；没有把握的，切不可强词夺理、进行强辩，更不可狡辩。因为专家对这个问题可能有多年研究，有着丰富的专业素养，所提问题具有明确信息指向。遇到这种情况，可以实事求是，并且虚心地表示在这段研究过程里，自己还没搞清楚这个问题，今后一定要认真研究、努力取得成果。答辩过程遇到自己回答不上来的情况是很正常的事情，答不上或答得不好的情形，不一定都会降低答辩成绩，因为专家看某个作者的论文写得很好，答辩也不错，会故意提出1～2个学术难度大、争论多，或自己也不完全清楚的问题[①]，既与作者交流，又进一步加深考察作者的研究能力。

4. 意见相左，巧妙询问

答辩中，有时主答辩老师会提出与你的论文中基本观点不同的观点，然后请你谈谈看法，此时就应全力为自己观点辩护，反驳与自己观点相对立的思想。主答辩老师在所提的问题中，有的是基础知识问题，有的是学术探讨性的问题，对于前一类问题，是要你做出正确、全面地回答，不具有商讨性。而后

---

① 姚先国等．经济类学生毕业论文写作指导［M］．杭州：浙江大学出版社，2004：65.

一类问题，是非正误并未定论，持有不同观点的人可以互相切磋商讨。如果你所写论文的基本观点是经过自己深思熟虑，又是言之有理、持之有据，能自圆其说的，就不要因为答辩委员会成员提出不同的见解，就随声附和，放弃自己的观点。否则，就等于是你自己否定了自己辛辛苦苦写成的论文。要知道，有的答辩老师提出的与你论文相左的观点，并不是他本人的观点，他提出来无非是想听听你对这种观点的评价和看法，或者是考考你的答辩能力或你对自己观点的坚定程度。退一步说，即使是提问老师自己的观点，你也应该据理力争，与之展开辩论。不过，与答辩老师展开辩论要注意分寸，运用适当的辩术。一般说，应以维护自己的观点为主，反驳对方的论点要尽可能采用委婉的语言，请教的口气，用旁说、暗说、绕着说的办法，不露痕迹地把自己的观点输入对方，让他们明理而诚服或暗服。让提问老师感受到，虽接受你的意见，但自己的自尊并没受到伤害。譬如，在一次答辩会上，一位老师在说明垄断高额利润时，把垄断高额利润说成是高出平均利润以上的那部分利润。答辩的学生听出老师的解释错了。就用平和不解的语气说："那么，垄断高额利润是垄断价格高于成本价格的话怎么理解呢?"提问的老师听后一怔，隔了一会儿，高声说："问得好!"从提问者的喝彩声中，我们知道，他已心悦诚服地同意了你的观点。这样的辩论，答辩老师不仅不会为难你，相反会认为你有水平，基础扎实。① 通过答辩老师从各种不同角度的深入询问，学生可集思广益，获得有益的启示，使自己的毕业论文进一步完善、成熟。

三、答辩评审的理性思考

（一）答辩评审的价值与意义

1. 教育价值

毕业论文答辩评审是在指导教师评阅基础上的继续和深化，在此过程中，学生不仅可以向答辩小组教师和专家学习与请求指导，从而获得知识的增长、信息的交流互动以及专业素养的提升；而且答辩评审还有助于学生进一步梳理、凝练毕业论文研究课题的相关研究结论与成果，反思课题研究的思路与方法，强化并提升大学生的科研意识与科研能力。

答辩评审是对毕业论文这一实践环节的检阅与评价，它在一定程度上引领和

① 姚先国等. 经济类学生毕业论文写作指导［M］. 杭州：浙江大学出版社，2004：65.

暗示着大学生对毕业论文的价值取向。规范严格的答辩评审本身就成为大学本科毕业论文环节的一道“关口”，有助于加强学生对其重视程度，让学生在毕业论文撰写过程中深化专业理论知识的学习，提高综合运用知识的能力。正是有了毕业论文的答辩评审这一制度的约束，才使部分学生不得不正视毕业论文工作，从而端正了态度，全身心地投入到毕业论文的写作过程。

此外，毕业论文答辩评审还有助于培养学生实事求是、谦虚谨慎、学以致用等诸多优良品质。很多毕业生通过答辩评审过程的“洗礼”，从专家和教师身上学到一些超越答辩本身所蕴含的有价值的内容，为以后的工作、学习和生活奠定良好基础。

2. 学术价值

学术性既是本科毕业论文撰写的基本要求和体现，也是答辩评审的内在价值与规范。毕业论文是建立在学生专业知识与理论基础上，是专业基础的综合体现。经过指导老师的精心指导，学生把论题凝结成一篇观点鲜明、写作规范、有思想、有见解的高质量的毕业论文，其本身就蕴涵了很强的学术性意境，再经过答辩评审的进一步厘定、概括、提炼、提升和拓展，使学生对毕业论文的选题内容以及对专业领域内的学术性问题和技术问题有了更深层次的理解和把握。而且，答辩评审过程中必然涉及学生毕业论文中实验设计的合理性、含混模糊的表述、悬而未决的论断等各种类型的缺失和不足，并加以深度剖析和探讨，从而完善论文写作规范，明晰学术观点，这也体现了学术研究的过程，增进了学生今后从事科研课题研究的意识和能力。

3. 管理价值

本科毕业论文的答辩评审工作不仅是对学生毕业论文质量的全面考核和整体评价，同时它又作为一项极其严肃的教学管理工作，反映了高校在日常教学管理工作的客观成效。

首先，答辩评审工作对严格学士学位论文质量、规范高校毕业论文管理制度有一定的积极意义。答辩评审是检测高校在毕业论文的管理体系、规章制度、质量监控和激励约束机制等方面管理绩效的一个有力“观测点”，是保障本科毕业论文质量的重要环节。通过答辩评审往往能反映出高校本科毕业论文管理制度的问题和矛盾，这将有助于推进高校本科毕业论文的管理工作趋向规范和科学。

其次，答辩评审有助于强化高校学风建设，养成严谨治学的学风，促进大学深化本科教学改革。通过答辩评审，客观公正、科学合理地评定学生毕业论文的考核成绩，引领和促进大学生自觉树立良好学风。此外，答辩评审同时又全面衡量大学期间毕业生的专业理论学习成效，从而激励高校教育工作者高度重视教学工作，强化教学管理，深化教学改革，全面提升本科教育教学质量。

4. 社会价值

从更深远意义上看，本科毕业论文的答辩评审还有利于提高人才培养质量，为社会提供更多的优秀人才。因为答辩评审是检验高校人才培养目标的一个标尺，这决定着大学毕业生能否顺利走出校门、踏上工作岗位和正常步入社会生活，而学生在未来发展取得成就的基础是合理的知识结构与专业素养。所以，本科毕业论文的答辩评审成为高校人才培养的最后屏障，通过答辩评审，淘汰少数不合格论文，从而确保为社会输送合格和优秀人才，真正实现高校作为人才资源库的目标定位。

（二）答辩评审的现存问题

1. 学术性不强，专业引领不够

高校本科毕业论文答辩评审是由本专业的学科教师、专家组成的答辩小组进行的，但由于毕业生人数众多、选题的跨学科性较大，加之本专业专家型教师的缺乏，导致具有极强专业特性的毕业论文答辩评审工作缺失了应有的学术性特征，停留于一般的教学水平，严重消解了答辩评审的学术性。答辩小组教师如若提不出具有一定水准的学术性问题，答辩会现场就无法用学术性话语进行对话，这种境况势必衍生和波及答辩学生和现场听众对答辩本身的质疑，更谈不上对答辩学生的专业引领。

2. 考评标准不规范，主观随意性较大

尽管地方高校大都制定了本科毕业论文答辩评审的评判标准，但由于一些标准本身的不科学和操作性不强，致使在评审过程中对学生答辩成绩的考核评分很不规范、很难统一，尤其是个别答辩小组的教师只打整体印象分，或以自己的提问为中心对学生进行评判，这种模糊界定、弹性空间过大的评审判断主观性、随意性严重，很难让学生“心悦诚服”，严重挫伤了答辩学生的积极性。

3. 虚假评判，形式主义倾向严重

如前所述，随着扩招的影响，日益严峻的就业压力，给地方高校本科毕业论文答辩工作带来诸多不利影响。许多地方高校在就业形势严峻的现实面前，给毕业生本科论文这一实践教学环节“大开绿灯”，只要是考取研究生或提前就业的学生，在本科毕业论文答辩环节中就会享受诸多优厚“待遇”，答辩评审一般会“顺利”通过，答辩评审退化为一种仪式和“过场”。

而且，伴随着毕业生人数的激增，高校基层教学单位很难从人力、物力和精力上保证本科毕业论文答辩质量。表现之一便是答辩时间的“缩水”和工作的

“高效”，半天时间完成10多名学生的论文答辩任务。这种“走过场”式的论文答辩，伴随的是答辩评审只能满足形式上的需要。虚假分、人情分、同情分和指标分便会不断滋生蔓延，严重影响了毕业论文评审的严肃性。

4. 监管机制缺失，监控不力

整个论文期间分前期、中期和后期几个阶段进行检查，但目前我国许多地方高校对本科毕业论文答辩评审的监管机制尚未建立，没有明确的审查质量和考核标准，其结果只是停留在对检查表的形式审查上，缺乏全程监管的有效机制。现实的情形是：答辩评审现场完成，答辩工作结束后，院系将其与论文等材料一起投放于档案袋中，学校教学委员会和教务部门缺少真正进行全面督查的监管。同时，答辩评审本身就存在诸多问题，甚至出现答辩评审决议还存在诸如内容重复、套话过多、评价语言不恰当、文字疏于锤炼等问题，① 这些问题的出现充分暴露了现行本科毕业论文答辩评审的不足之处，需要建构合理的监管、督查机制与措施，更好地达到答辩评审的应有功效。

（三）答辩评审的核心内容

本科毕业论文的答辩评审不像硕士博士论文有外审、盲审和抽检等环节，本科阶段的毕业论文一般只在答辩过程中完成，需要答辩委员会或答辩小组的教师按时完成这一任务，所以，答辩评审必须抓住学生毕业论文的核心和关键要素。答辩评审的核心观测点主要有以下几点：

1. 论文选题

答辩评审还应认真审视学生毕业论文的选题问题，即对学生选题所呈现的问题意识、主题探寻、论题的范围、分析视角等进行全方位剖析。要关注学生的毕业论文选题是否符合专业培养目标，是否关涉了本学科发展的理论前沿、学科热点问题或与学科相关的社会现实问题等，选题的恰当与否是决定论文写作价值的前设与体现。

2. 独创性

独创性或真实性是本科毕业论文的答辩评审首先要考虑的问题。由于互联网的发展，信息资源获取的途径方便快捷，许多大学生的毕业论文拼凑、虚假、“掺水”现象严重，缺乏独创性。因此，答辩评审时应高度重视，把好答辩关，突出考察与评价毕业论文的创新性。

3. 框架结构

要整体审视本科毕业论文的基本要素是否完备，即包括题目、作者、摘

---

① 刘国瑜，武晓维．学位论文答辩委员会决议应当规范化［J］．学位与研究生教育，1997（6）：40–42.

要、关键词、正文、参考文献、外文摘要等，理工类的毕业论文在正文中还要具体涉及材料与方法、试验结果及分析、结论与讨论等。总之，一篇合格的本科毕业论文在框架结构上应给人以结构清晰、逻辑严密、层次分明、条理清楚之感。

4. 专业理论

本科毕业论文是大学期间专业理论学习等智力活动成果的展示，反映了高校专业课程教学体系的教学质量和水平。因此，答辩评审着重要考查学生对所学知识的综合运用能力，独立思考问题、分析解决问题的能力；检验学生的基础理论是否坚实，专业知识面是否宽广，专业术语的使用是否规范等。

5. 论证与论据

学术观点的提出要有翔实、充分的论据和论证支撑，评审本科毕业论文时要关注其逻辑思维的发展，从分析论证和提供的论据中剖析该篇论文的结论和论点能否充分。具体地说，要求包括下列内容：实验设计合理，实验方法科学，调查或试验方法正确，选用材料恰当，数据翔实，论据真实充分，论证逻辑严密，推理正确，条理清晰，能恰当地运用图表和有关资料等。

6. 观点创新

创新是科研的灵魂。本科毕业论文虽不像硕士、博士论文要求创新程度之高，但应基本上能做到选题内容新颖，能运用所学的理论知识分析问题，有自己的见解或观点。对于优秀的毕业论文来说，一般而言不仅要求论文内容有新意且要有独到见解，能在一定程度上超越前人研究成果，有所创新或发展，立论角度、研究思路与方法、立意等力求新颖独特。

7. 文字表达

行文规范、语言流畅、文字简练是本科毕业论文在文字表述上的基本要求。答辩评审过程中要检查学生毕业论文的行文是否符合学术论文的规范要求，文字是否通畅，有无语法错误，有无重复的段落、句子或词语，有无错别字等。学术论文一般要求文字简洁精练，不追求夸张或华丽的辞藻。

8. 文献综述

文献综述能力是本科生从事专业论文研究的基础素养，学生在占有资料和分析研究前人成果的基础上撰写所选主题的文献综述，是进入论文研究的前奏。答辩教师通过评阅论文和答辩提问来考查学生的文献综述能力，是探测学生从事科研能力的一个有效途径。

9. 答辩表现

毕业论文答辩现场的表现也是检验学生综合素质和评审论文的一个重要参照

依据，包括论文陈述和回答问题两个方面。陈述时要求学生持端正认真的态度，能合理运用挂图、幻灯、投影或计算机多媒体等辅助手段流畅地介绍论文。在汇报时能做到语言表达准确，概念清楚，论点正确；思路清晰，层次分明。而答辩作答则要求学生能清晰地表达自己的意思和观点，准确回答与论文有关问题，答辩时能做到有理有据，圆满地回答答辩老师提出的各类问题。

以上是本科毕业论文答辩评审中的主要参照点，当然，除对学生毕业论文本身及答辩过程进行评判外，还要参阅论文指导教师的意见，因此，答辩评审是较为复杂的综合评判过程，很多情况需要答辩教师根据具体情况而定。

（四）答辩评审标准的设想

科学规范的答辩评审标准是客观公正地评价本科毕业论文的前提、依据和行动指南。我国地方高校本科毕业论文答辩评审标准的表现形式与侧重点千差万别，这主要是因为高校之间的办学层次、类型、地域文化等方面的不同，以及各学科专业特性的差异所导致的结果。然而在差别的背后还是有一定的范畴和原则需要共同遵循的，例如评审的核心要素，以及各要素所赋予的权重及评分等级等。目前，我国地方高校制定本科毕业论文答辩评审标准时主要采取百分制、等级制两种类型：

1. 等级制答辩评审标准

一般来说，地方高校在评定学生毕业论文答辩成绩时采用五级记分制，即分为优秀、良好、中等、及格、不及格五级。其中：

（1）理论观点正确，内容分析论述严谨，理论联系实际好，有独立见解或初步研究成果，水平或价值较高。提交的毕业论文成果、资料齐全，文档资料装订规范；答辩时思路清晰，论点正确，回答问题有理论根据，基本概念清楚，对主要问题回答正确、深入。成绩可评为“优秀”；

（2）理论观点基本正确，内容分析论述比较严谨，理论联系实际较好，有独立分析问题和解决问题的能力，答辩时能自圆其说，思路清晰，论点基本正确，能正确地回答答辩老师提出的问题；提交的毕业论文成果、资料齐全，文档资料装订规范。成绩可评为“良好”；

（3）理论观点比较明确，内容分析论述一般，在运用所学理论和专业知识上基本正确，但在非主要内容上有欠缺和不足；立论正确，计算、分析、实验基本正确，结论合理；理论联系实际不够，有一定独立分析问题和解决问题的能力；答辩时对主要问题的回答基本正确，但分析不够深入。成绩可评为“中等”。

（4）理论观点基本正确，理论联系实际不够，有初步独立分析问题和解决问题的能力，内容分析论述略差，且有一些小的疏忽和遗漏；运用理论和专业知识中，没有原则性错误；论点、论据基本成立，计算、分析、实验基本正确；论文达到了基本要求；答辩时，主要问题能答出，或启发后才能答出，回答问题较肤浅。成绩可评为“及格”。

（5）未能按期完成任务书规定的任务；剽窃或抄袭他人的设计成果，或有他人代做的内容；理论观点不够明确，基本概念和基本技能未掌握，在运用所学理论和专业知识中出现不应有的原则错误；内容不充实，分析论述差，不能理论联系实际，缺乏分析问题和解决问题的能力；在整个方案论证、分析、实验等工作中独立工作能力差，论文未达到最基本的要求；答辩时，阐述论文的主要内容不清楚，基本概念模糊，对主要问题回答有错误，或回答不出。成绩可评为“不及格”。

2. 百分制答辩评审标准

有的高校在本科毕业论文答辩评审标准制定中采用百分制记分的方式进行，一般地他们将答辩评审划定若干组成要素，并赋予这些要素不同的分值范围，满分100。答辩小组成员根据学生表现和论文的具体情况打分，各评分要素的得分之和，即为毕业论文答辩成绩。

郭素华等人主张毕业论文答辩评分要素由精神风貌、论文汇报情况、分析综合能力和应答能力和基础理论和专业知识面等四部分构成。其中规定：①

（1）精神风貌（20分）：仪表整洁，端庄大方，语言流畅，得分18~20分。仪表较整洁，行为得体，语言较流畅，得分14~17分。仪表尚整洁，行为尚可，语言尚流畅，得分12~13分。仪表不整，行为失当，语言羞涩，得分11分以下。

（2）论文汇报情况（25分）：汇报内容简明扼要，重点突出，汇报手段得当，得分24~25分。汇报内容较清晰，重点较清楚，汇报手段较得当，得分19~23分。汇报内容基本清晰，重点基本清楚，汇报手段运用一般，得分16~18分。表达不清，汇报手段运用失当，得分15分以下。

（3）分析综合能力和应答能力（30分）：分析综合本科生毕业论文评审标准与答辩评分标准毕业论文的成绩，是由文章成绩和答辩成绩组成，最后由评审小组、评审委员会鉴别评定。

（4）基本理论和专业知识面（25）：基础理论坚实，专业知识面宽广，得分24~25分。基础理论较扎实，专业知识较丰富，得分19~23分。基础理论尚可，专业知识一般，得分16~18分。基础理论不够坚实，专业知识面狭窄，得分15分以下。

为使学位论文答辩的评分标准更加合理与科学，不妨考虑学位论文答辩表决的等级制改为打分制，根据上述要素进行量化打分。这样不仅能较全面衡量学生

---

① 郭素华等．加强毕业论文答辩工作，培养学生综合能力［J］．中医药管理杂志，2007（5）：25-27.

的论文答辩水平，也能让答辩专家把握评分标准，减少答辩评价的随意性。[①] 据此，笔者认为，建构百分制下的等级制作为本科毕业论文答辩评审标准，不啻为当下地方高校对本科毕业论文答辩管理的有效举措。

大学生（本科）毕业论文答辩评审表

评审项目	评审内容	达成指标	满分	实际得分	评审等级
论文内容	观点创新	观点新颖，有独到的见解	10		□优秀 □良好 □中等 □及格 □不及格
	选题	符合专业培养目标要求，难易程度，有理论价值意义和对生产实践有实践意义	15		
	框架结构	结构完整，逻辑严密、层次分明，条理清楚，论文基本要素完备	15		
论文写作	专业理论、知识的运用	专业基础理论扎实，专业知识面宽广	10		
	论证（论据）	实验设计合理，调查或实验方法正确，选用材料恰当，数据翔实准确；论证逻辑严密，推理正确，层次分明，条理清楚	10		
	文字表述	行文规范，语言规范，表述清晰，专业术语的使用规范，无错别字和语法错误	5		
	文献综述能力	对前人研究成果的总结、概况与综述得当	5		
答辩环节	答辩陈述	思路清晰；表达准确，概念清楚，论点正确	10		
	应答表现	思路清晰，论点正确，回答问题有理有据，基本概念清楚，主要问题回答简明准确	20		

① 周红康．研究生学位论文答辩制度的治理［J］．煤炭高等教育，2006（7）：89-92.

四、典型案例

（一）答辩陈述案例

背景介绍：本案例是选取四川省某高校物流专业本科毕业生论文答辩陈述实录。该同学的本科毕业论文的题目为：《四川省叙永煤矿薪酬体系设计研究》。①

各位评委老师：

大家好！我叫＊＊，来自人力资源2班，我的论文题目是《四川省叙永煤矿薪酬体系设计研究》。我的论文指导老师是＊＊老师，从确定选题、拟定提纲、完成初稿，到最后定稿，得到了指导老师的精心细致指导，我才能按时完成论文的写作。不管今天答辩的结果如何，我都由衷的感谢指导老师的辛勤劳动，感谢各位评委老师的批评指正。

以下我将阐述下这篇论文的选题缘由及目的，文章结构及优缺点。

首先是论文的选题缘由和目的。薪酬和每个人都息息相关，每个人在自己的心中都有一份属于自己的薪酬标准，都期望公司能按自己的想法设计相应的薪酬体系。通过对薪酬体系相关理论的学习，加上实习的经历和对相关资料的阅读，结合四川省叙永煤矿战略发展和薪酬现状，觉得该企业在薪酬方面存在诸多问题，可以通过对该单位薪酬体系进行研究来完成此次论文写作。至于目的，当然是为了完成论文从而顺利毕业，但我也希望我的研究结果能给叙永煤矿的薪酬体制改革起到参考借鉴的作用。

其次是论文的文章结构。本文共分为五个部分：

第一部分是前言，该部分主要通过介绍薪酬在企业中所起到的作用和所反映出的问题，结合叙永煤矿的相关背景，阐述其进行薪酬体系优化设计的必要性。

第二部分是关于薪酬体系相关理论的介绍，其他理论部分已经在文献综述中已有论述，在这着重介绍的是薪酬体系的几种分类和设计原则，为下文的薪酬体系优化设计打下理论基础。

第三部分是对叙永煤矿现行薪酬体系的分析与设计，该部分先对叙永煤矿的简介、组织结构和人员构成进行阐述，再对现行薪酬构成进行了介绍和分析，列出其存在的问题，为第四部分薪酬体系优化设计做好铺垫。

---

① 四川省叙永煤矿薪酬体系设计研究 http：//hi. baidu. com/duxplove/blog/item/656d9bc25b7f471e0ff47704.html.

第四部分是该论文的重点部分，是对叙永煤矿薪酬体系的优化设计，即对原薪酬体系进行优化、修正，使其更加合理，更加符合煤矿发展实际。在该部分中，先是对薪酬体系优化设计的基本思路进行介绍，然后就是薪酬的各种构成项目的设计，其中重点介绍的是岗位工资和绩效工资的设计，这两项构成了薪酬的基础部分，也占了薪酬总额的大部分，是该部分的重点，也是此次薪酬优化设计的重点。此次优化设计在很大程度上弥补了煤矿内部薪酬的不公平性，避免了大锅饭形式的平均主义现象，也很大程度上减少了领导徇私舞弊机会，使优秀员工得不到应有的奖励的情况出现。在年终奖的处理上也有独到之处，无故旷工的现象将得到遏制。总之，薪酬管理更加合理、更加规范化。

第五部分是结束语，该部分再次阐述薪酬管理在人力资源管理中的地位，合理的薪酬体系在薪酬管理中所起到的作用，叙永煤矿进行薪酬体系优化设计的必然趋势。还介绍了此次薪酬体系优化设计将会产生的效果和此次研究的现实意义。

经过本次论文写作，我学到了许多有用的东西，也积累了不少经验，但由于本人才疏学浅，能力不足，加之时间和资料有限，在许多内容表述、论证上存在着不当之处，与老师的期望还相差甚远，许多问题还有待进一步思考和探究，借此答辩机会，万分恳切的希望各位老师能够提出宝贵的意见，我将虚心接受，从而不断进一步深入学习研究，使该论文得到完善和提高。

以上是我对自己的论文简单介绍，请各位老师提问，谢谢。

（二）答辩提问及作答案例

背景介绍：本案例是选取某学院物流专业本科毕业生论文答辩过程的实录。该同学的本科毕业论文的题目为：《区域经济背景下的中小型物流企业发展》。

提问及作答过程如下：①

1. 现在，全球经济的发展趋势是全球经济一体化，为什么你强调区域经济背景？

答：首先，我认为全球经济一体化的进程是不可逆转的，但区域经济与全球经济一体化并不矛盾，而是相互关联，相辅相成的。全球经济一体化是世界各个国家经济体之间的一体化，这一过程，就是一个磨合、互融的过程。而各国家经济体又是由区域经济体组成的，参与全球经济一体化就是以区域经济体为主体的。所以发展区域经济，就是促进全球经济一体化，两者是不矛盾的。区域经济

① 区域经济背景下的中小型物流企业发展.http：//tj. jxufe. edu. cn/lunwen/2004/04wl2/db/0042943. doc.

健康持续发展的必备条件是差异化、灵活性和快速反应，而这些特征都是中小企业，特别是中小型物流企业所具备的。所以将中小型物流企业发展放在区域经济背景下就能更好地发展，从而更好地促进全球经济一体化。

2. 论文中提到了增长极，这是产业经济理论，你为什么在这里提及？

答：区域经济是产业经济学与区域经济学相结合而产生的，所以产业经济主要理论也适合区域经济。

3. 中小型物流企业如何定位？具体的方法？

答：我国中小型物流企业在与大型物流企业和国际物流企业的激烈竞争中，必须寻求适合自身的市场定位。这市场定位主要分为两个层次：（1）从行业选择角度进行的。不同区域经济有着不同产业、行业特点，经济结构也不同，中小型物流企业要充分融入到区域经济之中，就应该将自己的资源、特点与区域经济行业相结合，选择最能发挥自身核心竞争力的行业。（2）从行业内进行定位。从一个行业上游的生产企业，到经销商，到下游的消费终端，都是中小型物流企业可选择的范围。它们也可以接受大型物流企业的二次业务外包。具体有：（1）产品的生产流程是可分离的，即实体产品可以分为若干独立的部分进行生产，或服务产品可分离为多各独立的部分提供。（2）具有适合中小型企业的最佳规模。（3）产品存在差异化。（4）市场容量较小或产品需求较分散。

4. 做专、做细、做精这三者有区别吗？整篇文章中有哪些是你自己的观点？

答：做专、做细、做精这三者即有相似的地方，又有区别。它们是一个相辅相成的整体。比如说，中小型物流企业要做细，就要寻找并做好缝隙市场，而做好缝隙市场，有必须做专，这样才能发展下去。从整篇文章来看，第一章我是根据已有的成果，归纳并陈述了区域经济的涵义和主要基本理论。第二章我是根据各种资料以及网上的数据分析了我国中小型物流企业的现状及发展特点。第三章我是根据一些学者总结出的区域经济模式，将它与中小型物流企业发展模式相结合。第四章除了一些理论以外，我结合自身的认识提出了一些观点。我将中小型物流企业的市场定位与区域经济结合，以及发展战略中的做专、做细、做精、协同等。

第七章　毕业论文质量保障

为了确保毕业论文质量，在规范毕业论文选题、写作以及答辩制度基础上，需要加强毕业论文质量保障制度建设，进一步完善管理体制与运行机制，提供毕业论文时间条件，丰富毕业论文写作资源，构建合理的指导教师队伍，强化指导教师职责，形成有效的毕业论文质量评价系统，推动地方高校本科毕业论文工作走向规范化、制度化与效能化。

一、管理制度

（一）制度分析

制度是一种行为规则，它规定了一系列主体活动的权利和义务，指明了主体活动的空间与范围，它不仅约束人们的行动，而且为人们提供了可以自由活动的空间。《现代汉语词典》对制度的解释为，即制度有两种规定：一是要求大家共同遵守的办事规程或行动准则；一是在一定历史条件下形成的政治、经济与文化等方面的体系。[①] 由此我们可以取制度是一种组织活动的规则体系的定义，它包括组织制度、工作制度及激励与约束制度等几个方面。体制是国家机关、企事业单位的组织制度，它主要是针对组织的基本架构而言，如学校体制、领导体制。机制有多种解释，一种是机器的构造和工作原理；一种是有机体的构造、功能和相互关系；一种是某些自然现象的物理、化学规律；一种是泛指一个工作系统的组织或部分之间相作用的过程和方式，如市场机制，竞争机制。通过分析可以看出制度是规则体系，而体制与机制更多是指由规则所确定静态框架及运行方式。这就意味着从三者之间的相互关联的意义上，制度是组织共同遵守的规程与行动准则，体制是指国家机关、企事业单位的组织制度，机制首先是指有机体的构造、功能和相互关系，然后才是指一个工作系统的组织或部分相互作用的过程和

① 现代汉语词典［M］．北京：商务印书馆，2004：1662.

方式。显然，制度是上位概念，体制与机制是下位概念，制度内在蕴涵着体制与机制，或者说是由制度设计规定了相应的体制与机制。

有人认为，“管理体制从静态上讲是一种教育系统内的组织体系，从动态意义上讲又是一种运行机制，两者构成了一个统一体。”① 这一观点把管理体制与运行机制等同，虽然有两种不同的提法，也只不过是从不同角度对一个组织体系的分析与理解。实际上，这种把管理体制与运行机制混为一体的观点，没有把管理体制与运行机制的本质意义区别开来，这就不利于进一步研究在现有管理体制下运行机制的改革问题，也不利于管理体制自身的改革，难以提高组织的效能。有人认为，“运行机制是指构成组织体制诸如要素之间的相互联系、相互推动、相互制约的关系及其运转方式”②。这一观点看到运行机制自身的独立性，明确了运行机制是要素之间关系以及运转的方式。但是，这里的组织是指单独的封闭的组织，而不是开放性的大组织，把运行机制局限在某一较小的组织内，没有注意到组织内外的各种关系，从而把组织与环境之间的关系放置在一边，不利于组织面向外部环境的变化进行自我调适，使组织容易在原体制下故步自封，或者找不到合适的运行机制。有人认为运行机制是“在现行组织管理体制下，组织与外部环境之间、组织内部管理的各职能机构之间相互联系、相互作用、相互制约，从而推动整个管理系统良性运转的基本形式和联动效应。它既包括了组织方法，又隐含了工作方法。”③ 这一观点不仅看到了体制与机制的本质区别，把握住了机制是组织之间要素的基本关系，而且把组织放在一大的环境下考虑，注意到了组织与外部环境之间，组织内部各职能部门之间相互联系、相互制约的关系，从更为系统的层面探索组织运行。但把运行机制看成是推动系统良性运转方法与工作方法，这种观点的不足之处有两点：一是运行机制是组织运行的整套制度，包括规则、程序与方式，但这种运行制度并不必然使系统良性循环。当运行机制不畅时，也会阻碍组织运行，这就需要对运行机制进行改革，形成适应现代组织运行的机制。二是把运行机制看成是组织方法与工作方法，从而把运行机制看成单一的具体的操作手段，而不是从制度层面上理解机制。

因而，运行机制是为了达到组织管理目标，在一定的管理体制基础上，由工作制度所确定的促使组织内部要素之间相互联系和作用的方式方法的总和。因而运行机制与管理体制之间的关系不同于体制与机制之间的关系，存在着更为复杂

① 吴志宏．新编教育管理学［M］．上海：华东师范大学出版社，2002：72.

② 邹国良．论市场经济条件下高等教育的运行机制［J］．中国冶金教育，1999（2）：5-8.

③ 韩延明，曹丞．我国高校内部管理运行机制摭探［J］．青岛化工学院学报，1999（4）：15-18.

的多种联系，体现了运行机制是在一定管理体制基础上，为了组织运行而设计的一系列制度与方法。通常情况下，管理体制在前，运行机制在后，运行机制是为了支持管理体制而采取的制度与措施，是使管理体制得到延续的基础，也是管理体制进行改革的动力所在。同时，它也表明了运行机制不是仅在某一较少的组织内部得到体现，在组织之间也存在如何面对外部环境有效运行的问题。

（二）毕业论文管理体制

从制度及管理体制有关解释来看，毕业论文管理制度涉及毕业论文教学的管理体制、运行机制与相应的工作制度。在毕业论文教学管理体制上，它同教学管理体制相近。不同高校的教学管理受规模及学校称谓的影响，其管理层级不同，根据学校规模大小，已形成了校院系三级或校系二级管理层级。多数学校包括新升本的高校受大学更名以及对外交流形式的影响，普遍按照大学形式逻辑设置“校—院—系”三级管理组织架构，不过，由于大学更名受到教育部宏观控制，地方高校现有组织模式实质运行仍然是按照“院—系”模式，因而所谓的“校—院—系”结构也就是“院—院—系”，系作为虚体出现。这样，在学校层面以教务处为职能机构行使毕业论文教学的校级管理权，以学院为主体对本单位毕业论文进行管理。后者更多由各教研室为主体从事毕业论文的选题、开题、过程检查等工作。这就要求地方本科高校在管理体制改革过程中，切实注重理解管理体制的内涵，分工明确，明晰各个管理层次的管理职责，形成分工具体，权责统一管理体制，将“校—院—教研室”结构转化为“校—院—系”三级，突出系的行政管理职能，使教研室回归教学研究本色。这是由于我国大学规模使然。受扩招影响，我国地方本科高校规模均超过万人，根据管理控制幅度的一般原理，当学校规模达到一定程度，管理工作所控制的幅度过渡增加以后，需要考虑管理层级。也正是受行政事务的影响，地方本科高校在设置学院作为中间管理层级的同时，不断在学院下设置更多的科室作为附属业务管理部门。不过，通过管理专门化，如在学院下设科研办公室、教学办公室等，用以提高服务效能的同时，也同时产生了信息阻隔。[①] 因而，为了克服信息衰减现象，对于规模偏小的地方本科院校减少管理层级，形成校系二级结构。

以教务处为主体学校教学管理部门，从学校办学定位、师资条件以及区域经济社会发展状况，制定学校毕业论文有关管理规章制度，发挥方向引领作用，合理确定毕业论文性质、功能与教学时间；规范毕业论文的选题、开题、撰写以及

---

① 张 芊．论我国高校教学管理组织模式的特征与发展［J］．江苏高教，2007（6）：93-95.

答辩整个环节，促使毕业论文在整体上运行上遵循着相同的管理规范；区分毕业论文与毕业设计不同形式，分类管理，体现不同专业特点，既要发挥宏观管理职能，又要留给学院相应的专业自主权，调动各专业毕业论文的积极性与自主性；加大监控力度，利用“三期”检查，即初期、中期与终期检查，确保毕业论文在初期时段各学院能够按时制订工作方案，及时安排教学时间，合理配置指导教师，准备实验仪器设备；确保毕业论文在期中时能够按进度执行，毕业论文选题状况，不同专业的选题质量，开题环节是否规范，指导教师是否到位，资料准备是否充分等；确保毕业论文在终期检查时，论文撰写是否基本完成，答辩工作方案是否合理，学生有何意见与建议。并在三期检查过程中，对于发现的问题，及时督促整改，发挥激励调控职能。

作为学校行政主管部门，教务处在管理工作过程中要体现出系统管理与重点管理特点。所谓系统管理就是要从系统思考角度，认真分析工作的相关性，考虑到工作各要素之间的协同与制约作用，发挥各要素的工作优势，使系统有序高效运行。针对毕业论文管理，教务处需要：（1）厘清纵向职能。把毕业论文管理中有关教务处、各学院、系以及指导教师职能分清，确定学校宏观层面需要提供的制度平台，如《毕业论文管理规定》、《毕业论文工作量计算办法》、《毕业论文撰写规范》等，做好顶层设计。（2）区分横向职能。分析同毕业论文相关的专业实践以及实践基地关系，教学实验与科研实验的关系，统筹协调，避免工作过程中出现的脱节现象。这就需要教务处特别是新任教务处主管领导要站在研究的视野下，做好调查研究，学习其他高校的工作经验，汲取优点，克服不足；分析本校毕业论文工作过程中出现的问题，研究问题的症结所在，研讨问题的解决措施。（3）发挥咨询作用。为了提供高效而科学的服务，教务处在决策过程中要利用教学工作委员平台，形成毕业论文重大事项的决策机制，对涉及毕业论文管理制度出台或修订，学校及学院管理职能区分，毕业论文管理中重大问题等要提交教学工作委员会讨论，避免决策失当。

所谓重点管理，就要在系统思考的基础，区分工作的重要程度，区别对待，把有限的时间与精力投入到重点工作中，抓重点带一般。针对毕业论文管理，学校管理工作重点首先是：（1）规章制度建设。做好规章制度的制定工作，使学校层面的规章制度具有普适性，系统而不冲突，清晰不杂乱。（2）监督检查工作。监督检查是学校层面管理的重点内容之一，做好监督检查工作，要围绕毕业论文工作方案、工作执行、执行效果进行检查，发挥评价引领作用。（3）搭建服务平台。协调教学资源与科研资源，校内资源与校外资源，本岗工作与其他部门工作，为各学院毕业论文管理与运行提供优质服务。如在毕业论文过程中，学校的电子图书与纸质图书受到上网时间、借阅数量及资源限制，会给学生带来一定的影响，这就需要积极协调有关部门调整工作制度，满足学生的学习需求。另外，学生毕业论文同就业工作之间有时出现冲突，就要制定相应的制度，采取网络指导等方式，改进工作方式，转换工作环境，为学生创造更便捷条件。

各学院作为毕业论文的实施主体，切实做好几项工作。（1）毕业论文工作方案。毕业论文工作方案明确各学院毕业论文领导组织、分专业工作负责人、毕业论文主要环节如选题、开题与答辩的基本原则、各主要环节的起始时间与程序、不同专题的人员构成与职能等。工作方案是各学院毕业论文工作起始环节，是分析判断毕业论文工作是否按计划执行的标准与依据，同时，由于各学院人员变化、社会发展形势变化以及专业面临的学术环境等，毕业论文工作方案不能一劳永逸，每一次毕业论文周期工作都要及时更新与调整，体现工作方案的适应性与针对性。（2）制定实施细则。考虑到不同专业的性质差异，有的以毕业论文为主，有的以毕业设计为主，前者注重学理，后者注重实践，工作性质与方式存在较大差异，因而对于不同专业而言，需要在学校教学管理制度基础上，细化本专业毕业论文工作，增强工作的可操作性，实现毕业论文的原初目的。（3）做好监督与检查。在本科毕业生数量增加的背景下，学院管理层级由原先的微观管理向中观管理转移，根据学院实施细则与相应的管理制度，做好各专业毕业论文的检查工作，组织相应工作组深入到各教研室检查总体进展情况，听取学生的意见与建议，及时调整工作进程。

（三）毕业论文运行机制

由于大学知识生产性与文化性特征，决定了大学教师在其专业领域有高度的话语权与自由度，每个成员都有着鲜明的个性，“他们是带着个人色彩的观念、期望和打算，而且带着不同的价值观、兴趣和能力进入组织的。”[①] 因而，大学教学运行是否正常，是否更有成效，不完全是由岗位工作制度所决定，除了管理者利用个人人格力量，以身示范，以及个人的内心自律以外，还需要配套的制度设计，引导组织形成高效、负责和宽松的文化环境，形成良好的运行机制。教学管理运行机制依靠相应的激励与约束制度以及教育制度，从而在决策、执行、控制与反馈等环节上有序运行。

1. 行为约束制度

教学自由需要和谐的制度环境，以利于教学过程中自由探索与创造，如果把

---

① W. Richard Scott. Organizations: Rational . Natural and Open Systems (Englewood Cliffs, Nj: Prentic-Hall, 1981) . p. 83.

这一观念带进教学管理中，就会忽视与淡化教师教学的工作责任。行为约束制度就是要对那些由于疏忽大意或工作故意所导致教学行为失范给予约束，以免低效或失效的教学秩序给学生的发展造成无法弥补的伤害。表现在毕业论文管理上，学校在顶层设计上，制定教学事故认定与处理办法，对毕业论文中涉及管理、教学与服务等方面责任进行追究，对管理工作中决策失误进行调查与处理，对教学工作中责任心不强、效能低下以及由于行为失当造成的教学环节缺失进行处分，对其他职能部门在毕业论文工作由不按照分工及时提供相应的服务给予约束。如在决策方面，有的学校主张在答辩环节上，进入优秀程序的论文进行答辩，其他论文无需答辩；在教学环节上，指导教师不认真指导，没有严格批阅学生的论文，出现质量不高以及多名同学网络抄袭等问题；在服务环节上，不能提供学生有效的电子期刊等。这就需要对负有相应责任的教师进行调查，对违反学校教学管理事故的教师进行处理，发挥约束制度的警示作用。

2. 行为激励制度

通过制度设计，形成适度的竞争机制。结合毕业论文工作特点，实施教学倾斜政策，对毕业论文工作优秀者给予奖励，促使教师及教学管理人员重视毕业论文、抓毕业论文教学，突出毕业论文在学生专业素养发展中的位置。同时，在适度竞争的同时，对于教学效果不佳者实行培训或转岗制度，防止采用优胜劣汰的管理制度，确保教师专业发展的自由空间。作为教学工作的一个环节，对教师毕业论文工作的考核注重数量与质量相结合，在平衡教师基本工作量的同时，加大优质教学的激励力度，促使教师正确处理好教学与科研的关系，处理好理论课教学与实践课教学的关系，充分调动教师工作积极性，投入更多的精力指导学生产出高质量的毕业论文。如在指导过程中，积极为学生提供参考资料，认真指导学生毕业论文，严把质量关的教师，给予政策倾斜，在年度工作评优以及相应荣誉提名时给予优先考虑。

3. 思想教育制度

大学教学对象的特殊性，决定了大学不同于企业效益分析，无法对教师毕业论文指导及管理进行彻底量化，单一的经济手段难以对教师形成长效激励机制。需要通过相应的思想教育制度引导教师树立对学生发展负责的职业道德，增强职业自律意识，提高教学的自觉性与自主性。思想教育制度是教师职业中不可或缺的组成部分，好的制度不仅能够使人工作，更主要使人自愿投入精力努力工作。教师在毕业论文指导过程中自觉工作，不仅带来毕业论文质量整体提高，而且给学生提供良好的范例，把教师职业看成品格高尚的职业，为学生今后认同与接纳教师职业，提升教师职业形象，促使教师专业发展营造良好的氛围。

4. 工作程序制度

激励、约束与教育制度为毕业论文运行机制提供了动力基础，作为有序运行还需要明了工作的方向与基本程序。在决策环节上（如下图），决策程序至关重要，表现为三个环节。

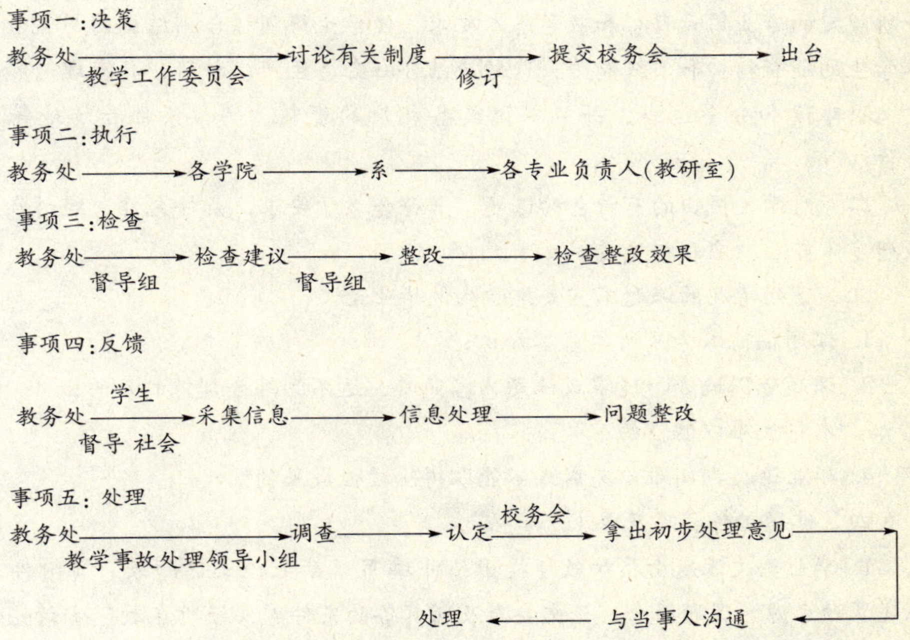

(四) 毕业论文工作制度

工作制度以分工为前提，以岗位职能为基础。岗位工作能否正常运行同履行工作的主体对岗位制度清晰度有关，如果工作制度不明晰，管理主体就无法清楚自身的工作职责，无法把工作做得井井有条。毕业论文有关工作制度由工作岗位所决定。在学校管理层面，毕业论文管理有教务处主管领导的管理职责，主要是负责毕业论文制度草拟、工作运行启动与检查，以及有关问题的沟通与协调。实践教学科或相关科室具体协助处领导做好毕业论文规章制度拟订，负责毕业论文工作信息发布，组织毕业论文工作会议，例行工作进程安排以及做好检查工作准备，展开毕业论文有关工作调研。各学院主要负责本院毕业论文规章制度制定，每学期（年）毕业论文工作方案拟定，检查督促本学院毕业论文工作执行与效果。

就毕业论文的选题而言，除了毕业论文理论教学外，这是毕业论文的起始环节，是毕业论文的重要一环。这就需要对人何选题，选题的范围是什么，选题的时间以及选题程序等进行详细规定，从而为教师指导，为学生选题规定明确范围与程序，使教师与学生在相对固定的时间内选择适宜的题目。下面是某高校毕业论文管理规定中有关选题的基本要求。

一、毕业论文选题要符合以下几个方面的要求：符合学生所学专业教学计划中所规定的专业培养目标和教学基本要求，使学生得到综合训练；因材施教，培养学生的创新精神和实践能力；选题应结合社会、生产、科研，具有理论和实际意义；难度和分量适当，并且保证具备相应的资料、实验条件和场地等基本条件。

二、对学生提出的有特色的选题，若符合教学要求，条件允许，经所在专业教研室审查后，应积极支持。

三、下列情况的课题不宜安排学生做毕业论文

1. 课题偏离本专业所学基本知识；

2. 课题范围过专、过窄或课题内容简单，达不到综合训练的目的；

3. 本科生难以胜任的；

4. 毕业论文期间难以完成或不能取得阶段性成果的。

四、选题工作程序及要求

1. 毕业论文课题由指导教师提出，并填写《毕业论文选题表》（附件二），陈述课题来源、课题简介、论文要求及所具备的条件等，经所在教研室讨论和系主任审定后生效。毕业论文所选题目中，如果同一项课题需由2名及2名以上同学完成，应在申报课题的名称上加以区别（加副标题）。

2. 选题工作应于毕业论文的前一学期进行，选题目录向学生公布，实施教师、学生双向选择，并落实到学生，以便学生及早考虑和准备。各系根据选题的落实情况填写《毕业论文选题统计表》（附件三）报送教务处实践教学科。

在设定工作制度时需要正确处理三对关系：①与平行机构之间的关系。理解平行机构在教学管理方面的职责，如教务处与学生处之间，教务处与后勤管理处之间，教务处与团委之间的关系，减少工作过程中的冲突，避免相互推诿和管理真空。②与下级机构的关系。通过规章制度明确各自的权力与义务，清楚工作的上下流程，避免越位与错位，减少时间浪费，提高工作效率。③机构内部关系。在分工相对明确的基础上，健全规章制度，使同一机构各科室之间既分工又合作。在此基础上，结合大学外部环境的变化，适时调整毕业论文管理制度，引导大学教学改革与发展。作为以代表学校制定或起草教学管理规章制度为主的教务

处或发展规划处，要根据社会发展的需要，结合学校发展任务与目标，考虑学校的实际条件，充分听取利益相关者对大学毕业论文管理的意见与建议，按照有利于教学发展的需要，根据既定程序，制定相应的管理制度。

二、研究条件

本科毕业论文是大学生专业素养的综合反映，成为学校教学的主要环节，也是学生是否取得学位的主要尺度，带有明显的综合性、专业性与创新性特点，因而大学生毕业论文从设计的目的来看，不是可有可无的课业，而是重要的实践环节。也正因如此，学校在毕业论文的有关规定中都明确了毕业论文的重要性，详细规定毕业论文的规范，细化了毕业论文的考核标准，从各个环节入手确保毕业论文的质量。从毕业论文质量保障环节来看，除了指导教师加强指导，提高指导质量外，还需要相应的保障条件，主要包括时间保障、文献保障、实验条件以及学术素养。

（一）时间条件

从时间保障来看，目前除了一部分国家级特色专业明确要求毕业论文延长时间，多数高校毕业论文的时间安排在毕业前一个学期之内，有2个月到一个学期不等。从笔者就安徽省29所本科高校调查来看，毕业论文时间平均为8周。不过，通过访谈发现，多数高校在实际运行过程中，通常变相延长毕业论文时间，以学年制4年为例，一般从第4学年新学期开始就进行布置选题任务，学生先根据公布的选题进行预先，经过调整后正式确定导师，经过写作过程至答辩，整个毕业论文时间大约为20周。由于从学理上大学毕业论文建立在完整的专业学习基础上，是专业学习的综合性训练，因而在人才培养方案中毕业论文设计安排在临近毕业学年或学期。高校在实际课程设置上也是根据这一理论假设进行的，符合了课程设计的基本逻辑，但由于我国不同的国情，现阶段大学毕业论文受到了学生就业工作的冲撞，两者之间在时间上相冲突。当然，这种冲突并不完全导致毕业论文的质量下降，但由于学生在就业工作中投入过多的精力，承受着本不应有的代价与痛苦，学生内心存在着就业焦虑，加上学校在某种程度上放松对学生质量管理与监控，从而使学生无心投入更多的时间做毕业论文。

结合日本等国毕业论文工作机制，我国大学本科毕业论文可以在实际运行的背景下，明确毕业论文的工作时间，从2个月左右延长至一个学年。为了使学生能够用足毕业论文的时间，学校在毕业论文运行机制上要加强学生毕业论文监控，制订毕业论文各个时段的主要任务与学习目标，指导教师负责监督与调控。

特别是在就业压力不断增加的情况下，采用多种手段，转变工作方式，通过现场指导与远程指导相结合，监控学生毕业论文的进展情况，克服学生毕业论文的随意性，减少学生对毕业论文质量不高的不良预期。这就需要在激励机制上，把毕业论文的所有时空统计在内，增强毕业论文的课时总量，以质量作为激励机制的主要尺度。

（二）资源条件

从资源条件来看，主要是文献资源与实验条件。在知识总量不断增加的情况下，知识的专业性与普及性并存，一方面是知识在技术及实验条件帮助下，不断开拓新的领域，丰富学科知识体系，促进新学科及交叉学科的出现，深化了学科知识。另一方面在网络技术的帮助下，基于人们普遍受教育程度得到提高，知识在总体上显现出普及性特点，人们可以借助各种外在条件识读高深知识，那些通过专门的研究，获取创新性知识的时间不断后移。这样，对于大学生而言，一部分专业基础较好的学生可以着力于带有创新性的探索，大部分学生则主要着力于知识的综合，找出某一专业方向研究结果中存在的问题，进而提出解决这些问题的思路与措施。严格意义上的创新性研究，可以留在后续的学习阶段。这就需要高校在文献资源以及实验条件方面做好相应的准备。

在文献资源方面，学生对于知识的综合与创新都离不开丰富的文献资源，优质快捷的文献资源是学生毕业论文创作的重要平台。不过，高校纸质专业资源不足是一个现实问题，有些高校受到教育部教学评估的影响，注重从量上增加图书资源，强调人均图书拥有量，忽视或淡化人均专业图书拥有量。同时，纸质图书的时效性与滞后性决定了其学术前沿性内容不足，致使教师在观念上不注重纸质图书，又由于纸质图书昂贵的价格需要高校有充足的资金，因而高校更看重电子图书与文献资源。随之而来的问题则是，高校随着电子资源的更新与丰富，学生在整个毕业论文写作中严重依赖电子资源，通过改写或者抄袭方式，撰写、包装与炮制毕业论文，在庞大的信息面前，教师对于学生作假行为也难以发现。当然，产生这种情况也不能因噎废食，不提供电子资源，而是要在做好电子资源的同时，注重纸质文献资源建设，一方面学生可以潜心阅读最新的专业文献，从中发现学术的困境与起点，使学生从电子资源中解脱出来，把电子资源同纸质资源相结合，也就是把电子学术论文与纸质学术著作相结合，给学生创造良好资源条件。

在实验条件方面，受科研发展历程以及学术基础影响，地方本科高校实验室资源主要倾向于教学领域，专门用于科研的实验条件不足。与纯粹的教学实验不同，学生从事毕业论文创作过程是一个科学研究的过程，学校在每一届学生的毕业论文展开之前，都应该根据学生的选题或者以往的经验，做好毕业论文有关的实验材料的准备工作。不能因为办学经费问题减少学生的实验次数，降低实验条件，影响实验效果。部分高校在基建压力较大的情况下，减少实验室投入，特别是低值易耗品购置上尽量减少，不能满足学生从事实验的需要。学校要统筹考虑办学经费，节约其他方面的开支，如招待费、劳务费、车辆消耗等，增加实验经费投入，改善实验室条件与实验环境。同时，对于文科学生而言，增加其野外调查与实践的经费投入，充分利用学生从事社会实践的机会，促使学生走进相应的专业实践领域，如法学专业走进法院与律师事务所、汉语言文学专业走进新闻媒体与文字工作室，增强现实感，提高问题意识，增进解决问题解决的有效性。

除了外在硬件条件外，大学生毕业论文质量还依存于学生自身的学术素养与学术积累。在毕业论文的最后一道关口，既是学术训练，同时又是学术素养展现与彰显。学生毕业论文质量在选题与初步写作的时候已经显示出来。在某种意义上，学生做毕业论文的过程也是解决问题的过程，并不完全是某一方向专业知识综合，内在包涵着创新的成分。从熊彼德创新理论来看，知识综合本身就是一种创新；美国的大学学术运动也从本质论述了知识综合也是学术的一种。因而，学生知识综合的本身就蕴含着学术与创新的内容。大学生毕业论文撰写过程起点上，对于文献的综述也反映出学生平时学术积累与学术素养。但在管理者及指导教师的观念中，毕业论文是专门的学术训练，是反映学生学位水平的重要尺度。而淡忘或放弃了平时的科研与学术训练，为了学生能够积累从事毕业论文创作的学术知识与学术规范，在大学课程设计的目标与教学过程中，把学生的学术训练渗透在每一个教学环节与核心教学内容中，结合平时的课程作业，以小论文的方式积累文献查阅方法与文献资源，结合经常性的社会实践活动，训练学生的社会调查方法，在问卷设计、访谈提纲与数据处理方面加以培养，以利于大学生毕业论文能够积累起基本学术规范与学术素养。

三、指导教师

1. 毕业论文的个人化

毕业论文是以指导教师为主的个别教学方式，与理论课教学不同，毕业论文的目的不在于仅仅掌握基础理论与基础知识，而在于经过独立的毕业论文创作，分析相关课题的问题与成因，提出解决这些问题的具体措施，最终锻炼与培养学生分析问题、解决问题的能力，着力考查学生专业发展的综合实践素养与学术素养。因而，毕业论文教学是集理论学习与实践训练为一体的教学形式，它不同于纯粹的理论课教学，不是以知识记忆为依托，培养与考察学生的智力品质，学生在毕业论文教学过程中其重心主要是衡量毕业论文主题选择的视角、文献收集与分析的能力、论文撰写与设计的水平以及学生毕业论文理性思维等。这就决定了毕业论文指导是一种个人化的教学，传统班级教学形式不适合于毕业论文教学。

2. 指导教师的职责

作为个性化的指导方式，教师需要从选题、撰写与答辩各个环节进行指导，并肩负着学生的生活指导与教育职责。以下是笔者所在高校毕业论文管理规定中具有代表性的指导教师工作职责：

一、按规定拟定毕业论文题目或课题，填写《毕业论文选题表》和《毕业论文任务书》。支持、指导学生自拟毕业论文题目或课题；

二、审定学生拟定的开题报告，把好毕业论文的开题报告关；

三、按任务书的要求制订指导计划，在参考文献、资料、实验设备、器材等有关方面帮助学生做好准备；

四、审查学生拟定的毕业论文课题方案和进程安排，定期检查学生的工作进度和质量；与学生保持密切联系，及时进行答疑与指导。关心学生，排除各种干扰；

五、重视学生文献检索和文献分析等基本功的训练，帮助学生掌握基本的科研方法，指导学生规范地撰写毕业论文；

六、毕业论文结束阶段，按毕业论文的规范化要求检查学生完成任务情况，同时提出全面修改意见，对学生答辩资格进行预审，指导学生做好答辩前的准备工作；

七、根据学生的工作态度、工作能力及论文质量，公正评定学生毕业论文过程和成绩，写出不少于100字的评语；

八、注重培养学生严谨的科学态度，端正学风，坚持求真务实的工作作风，切实把育人放在首位；

九、收齐学生毕业论文的全部资料、成果，审查合格后在资料袋上列出清单，并在规定结束日期前两天交教研室验收。

3. 教师的指导方式

基于毕业论文的理论性与实践性、个性化与创新性特点，指导教师对于毕业论文的指导需要体现出相对独立的指导方式。这种方式基于教师的教学自由与学生个人化的学习方式，它是教师教学风格与学生学习积累的结合。

（1）理论教学。就其理论性而言，毕业论文是对学生专业理论的综合性考查，涉及学生某一专业领域的知识与学术规范知识。因而毕业论文的理论知识内容包括两类，一类是学科专业知识，一类是学术论文的规范知识。对于这些知识，指导教师可以采取理论教学方式，把相同性质的知识教学放置于同一框架下考虑，特别是随着毕业班学生不断增多的情况下，指导教师的指导带有小班教学的性质，同一个指导教师的学生对于学术规范的学习，除了平时的课程论文或者学期、学年训练之外，需要系统学习与掌握学术论文撰写的基本规范。这是毕业论文进入实施程序之后的第一个教学环节，学生只有深入系统地掌握了毕业论文的写作程序与规范，才能按照程序要求独立阅读文献，查阅相关材料，积累论文素材。学生在毕业论文撰写过程中经常出现在毕业论文撰写结束时忘记了某一观点的出处，以及参考文献记录残缺不全，这同学生学习方式有关，也同教师在论文撰写初期的规范指导与基本要求的缺失有关，没有把以往学生出现的经常性问题作为对当前学生毕业论文指导的警示，致使学生在以后学术积累中重复出现类似问题。指导教师对于毕业论文教学要有系统性，把毕业论文性质与意义、毕业论文类型、毕业论文的基本格式、毕业论文基本程序、毕业论文注意事项等方面，形成类似教材的文本，作为学生毕业论文必须掌握的基本理论与基本知识。

由于毕业论文教学知识具有双重性，因而除了毕业论文本身的知识外，还涉及某一专题研究的内在知识，即学科专业知识。毕业论文指导对教师与学生都体现出专业性特点，学生在某一专业学习基础上，围绕其中的一个方向的问题进行探讨，尽管有些问题带有学科交叉的特点，但这些问题所需要的知识都带有专业性特点，都需要相应的学科专业的教师进行指导。指导教师是基于自身的学科专业基础与研究方向对学生进行指导，如果专业不相关，指导教师只能对学生的毕业论文停留在形式方面，也就是说对毕业论文规范的指导，就会导致任何从事学术研究的教师都可能作为指导教师，无需指导教师专业化。事实上，当前学生毕业论文质量下降原因之一就在于学生的选题同教师专业性之间缺乏相关性，教师无法就毕业论文的前沿性、创新性以及学术研究综述进行评价，也无法对学生论文是否更多采用了别人的观点与文献进行评析，论文质量就无法得到有效保障。

（2）学术示范。毕业论文以其规范性、专业性与创新性作为其典型特点，这些都体现了毕业论文的学术性，同时毕业论文的学术性不同于专业研究者的专题研究，是在教师指导下的学术训练与学术初步探索，因而，不能把毕业论文的学术性与教学相分离，它仍然是教学中的一个环节，是教学基础上的学术积累。这就要求指导教师发挥学术引领作用，在毕业论文撰写上积累学术规范，在专业发展上积累专业基础。教师学术示范的方式通常以两种方式呈现，一种是以案例作为学术示范，让学生对毕业论文规范以及选题相关研究有所掌握，对较为精致而深入的研究有所体悟，理解何谓学术，何谓真正的学术，以及何谓精品学术。一种是教师以身示范，在学术研究过程中提供学生良好的示范作用，如果教师在专业研究领域不能保持学术严谨态度，不按照学术规范进行研究与教学，不能在某一专业领域有较为深入的探讨，学生就很难在内心建立起对教师专业发展的信服以及形成对于学术研究的追求与向往。相反，如果学生发现了教师学术虚假，学术质量不高，学生也就在毕业论文写作中产生应付心理，带着毕业论文不过如此的心态完成任务。

（3）单独指导。过程指导与前期的理论教学不同，后者可以通过班级教学的方式进行规范引导，前者需要在学术写作过程中同学生进行单独交流。这就由于毕业论文的个性化所决定。毕业论文撰写是基于学生前期学术积累上进行的，离不开学生的个性、思维方式、写作水准与表达习惯的影响，教师不能按照自身的学术习惯要求学生完全遵从，对于共同性规范学生必须掌握，形成学术规范共识与方式，而专门化的问题探讨则受到许多因素的影响，就需要充分考虑学生的不同特点，把学生的个性与写作结合起来，融入个人独立的价值判断，形成个性化的话语表达方式，让学生创造性地开展工作。如在调查方式上，有的学生能够较快地融入团队，同别人形成良好的人际关系时间较快，而有的学生习惯于材料分析，因而对于前者可以发挥访谈的功能，从个人的交流中获取更多更真实的问题信息，对于后者则可以更多采用问卷的方式，让其从统计材料中发现问题所在，至于两种方式结合到什么程度除了同问题的性质有关外，需要考虑不同研究者的个人风格。因而教师应区别对待，给予学生更多的独立探索空间，使学生从选题、文献收集以及答辩等所有环节体现个性化的学习方式。

四、毕业论文质量评价系统

为了保证本科毕业论文的质量，需要制定合理的毕业论文质量评价体系，加强监督检查与评估，推动毕业论文创作制度化、科学化。本科毕业论文管理工作的质量评价体系是一个全面性评价，涉及基本文件、组织管理、条件准备、基本训练、过程管理以及学生评价等几个方面，其中，在基本文件方面，涉及管理制度、评分标准与教学文件；在组织管理方面，涉及管理机构与指导教师；在条件准备方面，涉及实验条件与文献资料；在基本训练方面，涉及“三基”训练、外语训练和科研训练；在过程管理方面，涉及选题程序、选题广度、中期检查、论文答辩、成绩评定、成绩分布以及论文档案；在学生评教方面，涉及组织过程评价和论文效果评价。

（一）基本文件

1. 管理制度

毕业论文工作在有关文件规定的框架内进行，从本科毕业论文的制度发展来看，起初主要是毕业论文撰写的基本规范，如毕业论文选题、毕业论文学术性，经过毕业论文的基本格式，再到从形式与实质的全部规定。目前，毕业论文管理的主要文件包括毕业论文管理规定，以及一系列附件，如本科毕业论文规范化要求、本科毕业论文排版规范、本科毕业论文选题汇总表、本科毕业论文工作流程、本科毕业论文任务书、本科毕业论文封面格式、本科毕业论文开题报告、本科毕业论文指导教师评阅表、本科毕业论文答辩记录以及本科毕业论文汇总表等，从而形成了从形式到内容一系列制度及辅助文件，把毕业论文创作作为一个精细活动进行管理，使其既体现出本科毕业论文学术训练的本质，也体现了本科毕业论文形式上的大方美观。其中，毕业论文管理规定为最核心文件，它详细规定了工作计划、毕业论文教学大纲、选题的基本要求、写作的基本规范、指导教师职责、学生的基本要求、答辩的基本程序及要点、成绩评定等，特别是有关毕业论文核心环节的评价标准，成为毕业论文评价的参照指标。

2. 评价标准

（1）选题的评价标准。选题是毕业论文价值的前提。选题有价值，毕业论文的质量才会有较好的保证。其评价标准主要有：选题处于专业前沿，或者国内外对所研究内容的报道较少，研究具有重要的理论意义或应用价值，此类题目属于最佳选题，可以评定为“优”；选题属于学科前沿，有较大的理论意义或应用价值，此类题目属于较好的选题，可以评定为“良”；选题不属于学科前沿，但在实际应用方面有一定的价值，此类题目可以予以肯定，被评定为“中等”或“合格”；选题没有理论意义或应用价值，前人已经做了大量的研究，此类选题的研究只是重复前人的工作，应被评定为“不及格”，并在论文选题阶段及时予以淘汰。

（2）文献评价标准。毕业论文的文献引用情况反映了学生对所从事项目的整体了解和把握程度、对研究现状的整体分析程度和对前人研究成果的借鉴程度。成功的研究，必定是在前人研究基础上的扩展和深入，是对研究项目当前最新成果的提炼和升华。所以，在评定毕业论文时，必须从文献引用方面加以考虑。对参考文献引用情况的评价可以分为以下等级：参考文献归纳总结全面，准确地反映了国内外的研究动态，文献标注正确，符合规范要求，引用的参考文献数量达到规定要求，文献的著录格式符合《文后参考文献著录规则》（国家标准 GB/T 7714－2005）的要求，可评为“优等”；参考文献引用较全面，归纳总结基本正确，基本反映了国内外研究动态，文献标注基本正确，文献著录格式基本符合规范要求，可评为“良”或“中等”；参考文献引用数量不够，没有反映出国内外的研究动态，文献著录格式不规范、错误较多，可评为“不合格”。

（3）写作质量评价。毕业论文的写作水平反映了学生在文字表述方面的基本功，同时也影响着科学研究表述的严谨性。对毕业论文写作水平的评价可以分为以下等级：毕业论文的语言表述流畅，引用标注正确，图表规范，能够准确区分作者与其他人的研究成果，学风严谨，可评为“优等”；语言表述较为流畅，引用标注正确，图表规范，能较准确地区分作者与其他人的研究成果，学风较严谨，可评为“良”或“中等”；语言表达能力一般，能够区分作者与其他人的研究成果，引用标注基本正确，可评为“及格”；语言表达能力较差，不能准确区分作者与其他人的研究成果，在引用标注的正确性、文字表述的准确性等方面存在较多错误，可评为“不及格”。

（4）内容质量评价。对论文的研究内容与研究成果的评价，应该包括4个方面，即研究的理论、内容与方法是否具有创新性，毕业论文是否具有确切的研究成果，研究分析的深度和广度以及研究成果的实用性等。对毕业论文创新性的评价，可以采用定性与定量相结合的方法，即把易于量化的部分量化，而对不易于量化的部分进行定性分析。如果毕业论文的研究成果申请到了专利、成为了行业标准、获得了权威部门的认证，则其创新性是不言而喻的。如果毕业论文研究成果的创新性没有达到专利、行业标准的高度，则需要指导教师会同其他教师对论文的创新性进行评价。有确切的研究成果是指毕业论文提出了经评定为正确的创新性理论，研究成果通过了专利申请或者是符合行业标准要求的设计实物等。对研究分析的深度和广度的评定，一般采用定性评价的方法，主要是综合考虑毕业论文的参考文献是否能够涵盖国内外的最新科研成果或业内的研究成果。研究成果的实用性是指论文的理论成果能够转化为实际生产力，或者毕业设计能产生较大的经济效益。通常，如果毕业论文研究成果的理论性较好，但由于实验条件苛刻，短时期内难以转化为实际生产力，则实用性较差；相反，如果研究成果可以在短时期内投入生产，并产生一定的社会效益和经济效益，则实用性较好。

（二）主要指标及观测点

1. 基本文件

主要是看管理制度是否健全，是否把毕业论文从选题到成绩评定的所有环节都能包括进去，每一个主要环节的评分标准是否健全、是否合理、是否具有可操作性，相关辅助性文件是否齐备，是否把毕业论文从形式到内容的各个方面都有所规定，都有要求，特别是有关教学大纲、教学计划等方面要具体明确。

2. 组织管理

组织管理是毕业论文运行的组织保证，以及确保毕业论文有效运行的制度。合理的组织制度要能够理顺校院系三者之间的关系，使各个层面责权利相统一，做到分工明确，职责清晰，运行有序。同时，对于教师的管理既要明确指导教师的基本职责，又要尊重教师教学自由，特别是当前存在指导教师非专业化的情况下，更需要考察教师与学生毕业论文的学科关联，发挥教师的专业特长与优势，充分调动教师的工作积极性。

3. 条件准备

毕业论文创作是一个艰苦的智力活动，学生不能仅凭借网络资源剪裁成文，之所以出现学生剪贴的写作现象，一方面同学生的规范意识与检查力度不够有关，另一方面又同学校的资源缺乏有关。调查发现许多学校实验室条件不足，不能满足学生毕业论文实验的需要，也同样受制经费的限制，文科的学生外出调查研究的内容不足，缺乏实验与实践环节。因而，对于毕业论文的评价应主要从专业纸质文献与电子文献重心，转向同实验条件与仪器设备并重，满足毕业论文选题与运行的工作需要。

4. 基本训练

涉及对学生的学术规范训练、外语训练与实际科研训练，其中学术规范训练主要是“三基”教学，包括基本方法、基本技能与基本作风教学，使学生初步掌握论文研究的基本方法，学会文献的收集与统计处理，外文文献的查阅与使用。特别是要考察学校对学生科研训练的专项工作，能否把论文创作分散于平时实施，使学生在课程论文中经历常规的科研训练，为毕业论文打好坚实的基础。

5. 过程管理

论文过程管理是整个管理工作评估的中心，所有论文工作落实质量如何关键看整个运行过程是否按部就班，是否井井有条，这些内容涉及学生选题程序是否合理，选题广度是否适中，有无毕业论文中期检查，毕业论文答辩是否规范，学生成绩评定是否客观，成绩分布是否常态以及论文档案保存是否完整。在这些运行过程中，经常容易忽略的是档案保存，涉及学生的档案、学院的管理档案、教师的教学档案等，这些都是每一届学生毕业论文的详细记录，既反映了学校与学院的工作流程与工作状态，也反映了每一届学生毕业论文的不同特点，同时也是教师工作状态的反映。这些论文可提供工作示范，也为以后毕业论文工作所要避免的问题提供借鉴。

6. 学生评价

毕业论文是教学的一个环节，因而同其他课程一样，在毕业论文质量管理上离不开学生评教过程，从学生层面分析学院及学校毕业论文管理中存在的问题，特别是教师在毕业论文指导过程中态度与质量。对于毕业论文的评价，涉及对学院整个过程组织和学生对毕业论文收获与感受。

（三）评价的基本要求

1. 综合性

综合性是指在毕业论文工作评估过程中，要把体现毕业论文的整个过程全面反映出来，既包括毕业论文管理制度、相关文件以及档案材料，也包括学院整个毕业论文的管理过程；既涉及毕业论文的学术水平，又要考虑到毕业论文的外在形式。不过，全面评价并不是所有的环节等价，而是有轻有重，因而在评价指标设计上，要体现出不同指标的权重，对毕业论文的过程管理应放在重中之重，这是确保毕业论文质量的关键环节。同时，毕业论文的综合性也在某一层面上体现出来，如对于学生选题的专题检查，就要考虑到选题既要结合学生的专业知识，又要考虑学生已有的知识结构，以及学生的生活经验，观察学生的选题是否同学生已有知识与经验充分结合，既可以是多学科的综合，也可以是知识与经验的综合。

2. 现实性

毕业论文工作评估的现实性包括三个方面，一是学校在制订毕业论文工作评估标准及相关制度时，要同学校的办学层次与办学定位相结合。地方本科院校多属于教学型院校，不能把研究型本科高校的评价标准套用到地方高校中，特别是新升本的院校在规章制度不健全的背景下，通常直接把研究型大学标准的作为参照点，致使出现水土不服的现象。二是毕业论文工作评价要结合不同学院及专业性质，如理科与工科不同，文科又同理工科不同，同一学院中文理科又同音乐美术专业不同，因而需要制订不同学科专业毕业论文评价标准，特别是区分出学理性与操作性不同倾向的评价标准，增强评价针对性。三是在某些环节上，特别是选题的评价要将毕业论文导向于区域经济社会发展需要，增强学生关注现实的问题意识，锻炼学生解决实际问题的能力，激发学生和指导老师的积极性，促进学生深入实践取得原始资料，提高毕业论文问题的针对性。

3. 激励性

评价是手段，不是目的，不能把手段作为目的，使评估成为学院管理者担心、教师害怕、学生的不满的工作。毕业论文评估的最终目的是改进工作，调动相关利益人的积极性，围绕学生的发展导向，不断提高毕业论文管理质量。换言之，评估要能够产生激励效果，起着示范与引导作用。这就要求评估方案从制订到实施要经过一列参与、讨论与完善的过程，使方案在制订过程中让管理者、教师与学生参与进去，认真听取大家的声音，就评估的目的进行解说与沟通，最终达成共识。当方案指标或权重出现矛盾时，或者当方案在试运行过程中发现问题时，及时调整，动态完善，增强评估方案的可接受性与适应性，真正起到激励与引导作用。

4. 定量与定性相结合

为了保证毕业论文质量评价的客观、准确，必须合理构建毕业论文质量管理评价指标，并科学配置各质量评价指标的权重。“对于学生来说，量化、细化论文评分标准，则更易于掌握、理解，能够有利于学生正确撰写论文。”① 这也是毕业论文质量评价所要解决的问题。结合毕业论文工作管理的实践经验，笔者认为，应进一步细化一级指标，完善二级指标，最后以各项指标权重大小，综合得出毕业论文管理工作的总成绩。特别是在当前毕业论文管理质量评价存在定性较多，定量不足的背景下，地方高校的评价指标体系不够合理。“建立创新型的本科毕业论文工作评估体系，突破现存的教学模式下对大学毕业论文管理的评估标准，形成对论文工作新的评估体系和评估方法”，② 使定量与定性相结合，是提高毕业论文管理质量的重要手段。不过，对于无法量化的指标，要尽可能深入教师与学生之间，通过观察、座谈与资料分析等途径，从中发现毕业论文管理中存在的经验与突出问题，通过横向比较对相同的观测点进行分析，给出不同等级或相对分值。

① 黄怡．本科生毕业（学士学位）论文指导、管理工作中存在的问题及对策浅析［J］．南开社会学评论，2003（1）：202-206.

② 朱劲松．从毕业论文入手建立大学创新教育新模式［J］．航海教育研究，2009（1）：36-38.

附件 1：

毕业论文管理工作质量评价指标体系

<table>
<tr><th>一级指标</th><th>分值</th><th>二级指标</th><th>分值</th><th>主要观测点</th><th>评价方法</th><th>得分</th></tr>
<tr><td rowspan="3">基本文件</td><td rowspan="3">22</td><td>管理制度</td><td>10</td><td>毕业论文管理制度健全，指导手册能体现出专业特点，程序规范，环节完备，科学合理；对学生论文格式有明确规范</td><td>查阅相关规章制度</td><td></td></tr>
<tr><td>评分标准</td><td>6</td><td>评分标准科学合理，具体明确，可操作性</td><td>查阅评分标准</td><td></td></tr>
<tr><td>教学文件</td><td>6</td><td>大纲、计划、评分标准等文件齐全；大纲内容详细，符合教学要求；计划周密可行；评分方法合理，易于操作</td><td>查阅教学文件</td><td></td></tr>
<tr><td rowspan="2">组织管理</td><td rowspan="2">11</td><td>管理机构</td><td>3</td><td>毕业论文管理组织机构健全，岗位职责明确，深入具体，有工作记录</td><td>查阅人员名单、岗位职责及工作记录</td><td></td></tr>
<tr><td>指导教师</td><td>8</td><td>指导教师职称、学历达标，具有中级和高级职称的指导教师≥90%；教师指导的学生数合理；能严格履行职责；学生选题与教师的科研方向、研究课题结合好，符合度高</td><td>查阅指导教师名单、职称、指导学生数及文档材料</td><td></td></tr>
<tr><td rowspan="2">条件准备</td><td rowspan="2">12</td><td>实验条件</td><td>6</td><td>试验仪器、设备、材料、房间准备充分，试验安排合理</td><td rowspan="2">查阅相关数据，组织师生座谈</td><td rowspan="2"></td></tr>
<tr><td>文献资料</td><td>6</td><td>文献资料充足，针对性强，较好地满足毕业指导教师和学生的需要</td></tr>
</table>

一级指标	分值	二级指标	分值	主要观测点	评价方法	得分
基本训练	18	“三基”训练	6	教师能针对专业特点安排“基本方法、基本技能和基本作风”的训练内容，学生能结合选题达到“三基”训练目的	查阅相关记录，组织师生座谈	
		外语训练	6	学生翻译与选题有关的外文文献，教师认真批阅译稿，有外文摘要	查阅学生翻译稿件及教师批改记录	
		科研训练	6	注重课程论文经常性训练，能够培养学生规范意识与科研能力	查阅有关材料及相关记录	
过程管理	28	选题程序	3	能按程序组织选题，审批选题，下达任务，计划进程安排科学，开题组织严密	查阅毕业论文选题汇总表	
		选题广度	5	选题涉及面广，重复率低，与实践联系密切	查阅有关文件、检查原始记录、工作总结等	
		中期检查	3	中期检查有计划、有总结，能及时处理遇到的问题	查阅有关文件和材料，现场检查答辩情况	
		论文答辩	5	论文答辩的组织严密，程序规范，环节完整，标准严格，执行认真，指导教师、评阅人、答辩小组评语客观中肯	查阅学生论文、教师评语	
		成绩评定	5	教师评语恰当、精练；评分客观合理	查阅成绩统计表	
		成绩分布	3	成绩能反映毕业论文的真实情况，成绩呈偏正态分布	查阅有关材料	
		论文档案	4	各类材料齐全，建档及时、规范		
学生评价	9	组织过程评价	5	系（院）高度重视毕业论文工作，按照学校规定认真组织开展各环节的工作	召开学生座谈会	
		论文效果评价	4	对训练学生的科研能力和水平发挥了重要作用，在提高个人专业水平方面发挥了重要作用		
合计		100		最后得分		

注：以上两个指标体系根据不同的专业和不同的选题，考核内容可以有所侧重。

第八章 讨 论

一、可靠性

本研究建立在对代表性地方本科高校调研基础上，从其调研数量与问卷回收数量来看，具有较强的代表性，问题的回答与访谈结果反映了所调查高校本科毕业论文的一般情况，有效地揭示了地方高校在毕业论文管理过程中，学校在管理规章制度、毕业论文指导及学生毕业论文写作过程与学术质量的现实情况。除一部分新升本的高校外，由于地方本科高校办学模式趋同，其教学时段、课程结构、实践环节以及教学方式大致相当，特别是在教学模式上偏重于理论教学的情况下，本科高校学术内涵较少，实践环节不足，实践内容欠缺，实践质量不高。因而，地方本科高校同质化现象较浓，所调查的学校能够代表地方本科高校毕业论文的基本情况。

就其教学时段而言，几乎所有的高校毕业论文安排在大学四年级，笔者曾通过多种渠道对河南信阳师范学院、郑州大学，湖北省武汉大学、湖北大学，湖南吉首大学、湘潭大学等进行访谈或咨询，毕业论文在本科高校的人才培养方案中，一般规定不少于 10 周。而实际执行过程中，多数把本科毕业论文分散安排在临毕业的一年，并于上一学年度完成毕业论文指导的基础工作。

就其规章制度而言，大都包括《本科生毕业论文管理办法》《本科毕业论文任务书开题报告》《毕业论文评分表》《毕业设计（论文）质量标准与考评管理办法》《本科毕业论文书写示例》《本科毕业论文撰写规范与答辩规则》，其中《毕业论文管理办法》是核心文件，具体回答了什么是毕业论文，明确毕业论文的目的，毕业组织安排、毕业论文选题要求、选题与开题程序、毕业论文指导、毕业论文撰写、毕业论文答辩、毕业论文成绩评定以及毕业论文质量监控等环节，有的学校把毕业论文有关文件及指导细则编印成学生手册，供毕业论文撰写时备用。

就其教学方式而言，由于毕业论文教学的实践性特征，特别是在网络平台的基础上，毕业论文指导除部分基础知识与基本理论课堂教学外，大部分指导采取远程指导方式，从而既满足了学生毕业论文的要求，又适应了实践的个人化需要。同时，受毕业论文规章制度同质化影响，各本科高校毕业论文指导程序基本相同，遵循着共同的规范与路径。在其后续毕业论文答辩与总体质量评价方面，其程序与标准也大致相同，因而毕业论文教学方式都带有相同程序下的个性化特点。

从上述同质化教学特点来看，地方本科高校问题相近，产生问题的原因相似，解决问题的方式与方法也自然趋同，因而本课题所探讨地方本科高校问题与途径具有代表性，能够为解决当下本科高校毕业论文质量问题提供有益的借鉴。

二、学术价值

1. 在价值观念层面。本课题首先立足于高校本科教学工作水平评估与本科教学质量工程大的环境，分析了当前大学生素养的社会需求，特别是重点突出了创新精神与创新能力的社会需求，对于提升大学生素养，改善国民素质结构，解决社会发展过程中创新人才不足，实践能力不强的现实问题提供了有益的探索。在我国，本科毕业论文发展历史较短，1980 年人大常委会通过了《中华人民共和国学位条例》，其中，第三条明确规定了学位分级，分为：学位分学士、硕士、博士三级。其中，对于学士学位而言，第四条进一步细化了其基本要求，规定高等学校本科毕业生，成绩优良，达到下述学术水平者，授予学士学位。其一是较好地掌握本门学科的基础理论、专门知识和基本技能；其二是具有从事科学研究工作或担负专门技术工作的初步能力。可以说在学位条例出台之前，大学所谓的毕业论文多是以课程小论文的方式出现，缺乏统一的毕业论文的有关规定。由此看来，本科毕业论文在我国受到重视不过是近 30 年历程。在本科毕业论文设计与发展中，遵循学位管理条例的基本规定，从满足基础理论、专门知识与基本技能出发，从培养学生初步的科研能力出发，提高学生的专业综合能力，发展学生的学术研究能力，不过，这一能力不过是通常意义上的研究能力，还没有同学生的创新精神与实践能力相结合。自 1999 年党中央国务院出台《关于深化教育改革全面推进素质教育的决定》之后，大学更有意识地把本科毕业论文同培养人的创新精神与实践能力相结合，把毕业论文作为实践教学的重要环节，不断加强毕业论文教学，完善规章制度建设，构建质量保障体系，确保本科毕业论文质量。因而，这一问题的梳理与探讨有利于明了本科毕业论文价值与意义。

2. 在理论进展层面。通过毕业论文的意义分析与功能定位，明确了本科教学不同于中小学的发展目标，专业的属性决定了大学教学的学术性，纯粹知识的传授不属于大学，大学要能够引领学生的多种能力，发展学生逻辑思维与学术表达。这也就从一个共性层面指出了大学课程教学自有的实践性与学理性、学科性与职业性。因而每一门课程都具有学术的启蒙作用，都肩负着学生探究能力发展的重任，毕业论文在一定程度上既是对学生学业的综合性评价，也是对教师课程学术性教学的验证。这就使得大学教学的学术性决定了大学毕业论文教学的全程化，毕业论文教学同就业时间之间没有必然的联系，或者说不是根本的矛盾。

3. 在实践探索层面。对地方本科高校毕业论文的进一步探讨，使人们更加明了当前我国本科高校毕业论文的问题所在，这些问题产生的原因何在，从而为地方本科高校转变教育观念，学习借鉴其他高校的做法，因地制宜地改革本科毕业论文管理制度，构建较为完善的质量保障体系提供较为系统的指南。特别是在教务管理部门非专业化的背景下，多数高校教学管理部门领导没有经过系统的培训，时常带有感性经验管理毕业论文，没有改革的动力，缺乏改革的理论依据，停留在经验管理阶段。本课题在理论分析基础上对毕业论文进行问题剖析，有助于使毕业论文在理论框架与视野下，增加地方高校本科毕业论文的实践理性，促进毕业论文改革与实践不断走向科学化轨道。

三、局限性

局限之一，影响因素中非理性因素研究较少。尽管本研究做了大量的调查与严谨的分析，切实把握了地方本科院校存在的突出问题，以及这些问题产生的原因，并在理论与实践相结合的层面上，提出了未来地方本科院校毕业论文在各主要环节上的改革与建议，并且从指导教师、规章管理、教学条件以及质量评价体系等质量保障方面进行探讨，但由于毕业论文质量的影响因素复杂多样，除了毕业论文本身各个主要环节外，还有许多其他的因素需要全面涉及，如学校教学与科研不同的激励制度属于非理性因素，受到外部高等教育评价环境的影响，高校之间模仿研究型大学做法，强化科研提升层次动机较浓，高校自身被动发展的现象较重，已经上升为集体无意识行为。尽管人们把教学研究纳入到科学研究的范围，但现有的课题导向仍偏重于社会科学与自然科学的基础理论研究，因而科学研究的氛围占据主导地位。同时，大学生的就业事关其生存与发展，是学生未来道路上最为基础的方面，也是社会安定祥和的基石。就业同毕业论文的时间在理论上的不冲突性，并不能排除学生由于就业压力所产生的生存焦虑，并由这种情绪扩散到全部学习与生活当中，两者之间会由此产生心态与情绪上的矛盾，造成学生对于毕业论文的反感与抵触，学校也由此产生对毕业论文教学的让步，迁就学生毕业论文撰写过程的一些环节，并在质量评价中减少相应的难度与权重。

局限之二，不同类型院校毕业论文的适应性仍然存在差异。地方本科院校以教学型为主，但对于地方本科院校而言，仍然存在着教学型、教学研究型的不同内涵，在不同的大学学术水平存在差异的情况下，教师的学术水平与指导能力差异有时较为明显，这些作为一种无形的资源反映在选题、撰写、答辩等不同的指导环节上，影响着不同环节中的教学质量。就不同类型院校的内涵而言，至今还没有明确的指标对教学型、教学研究型院校进行精细划分，有的只是其研究生培养时间及数量区分，有的则从大学排行中的学术位置，但在目前研究生培养存在政策差异以及大学排行存在诸多争议的背景下，难以类比“211”与“985”工程建设学校对普通高等学校的划分标准，因而，有些教学型与教学研究型学校的学术含量处于从教学型到教学研究型一个完整的链条上，其节点确定相当困难。针对不同类型的高校其毕业论文指导，尽管基本环节相同，但在具体的指导过程中侧重点有别。如对于教学研究型学术环境较为优越的本科高校，教师的学术水平较为整齐，其所出现的本科毕业论文质量问题更多是政策导向问题，常常教师精力投入不够，没有把本科毕业论文作为重要的工作，而教学型院校的教学质量管理，学校在制度设计上较为重视，但限于教师队伍结构以及学术水平，从而同教学研究型高校相比表现出选题以及答辩等环节的指导差异。因而本课题的研究倾向于教学型院校，提出的对策建议等从较为普遍的角度进行分析。

局限之三，国外比较研究较少。受学习环境的限制，所涉及的一些国外大学本科毕业论文资料主要来源于二次文献，缺乏对国外高校的实地调研与访谈，对国外本科毕业论文指导价值取向及指导过程没有感性认识，因而只能通过现有国内文献阅读与感悟，可能会存在偏差，因而建立在这种文献研究基础上，无法作为直接的经验提供范例，国外好的做法在适用上尚有不足。

四、进一步研究

基于上述局限性，本文将在后续的研究中加大本科毕业论文理性与非理性因素之间的相关性研究，对于一些问题提法非科学性进行甄别，除去一些伪命题，着力于对影响本科毕业论文的非理性因素进行研究。特别是针对毕业论文与就业之间关系研究，是目前最为急需的任务，在许多媒体报道涉及取消本科毕业论文的争议中，多数对学生生存与学科之间的关系质疑，认为学生就业与生存问题应是第一位，放弃本科毕业论文的学术训练，突出学生的就业。从其表面上看，更多的声音形成了集体无意识，认为毕业论文在时间安排上同就业之间存在矛盾，试图对毕业论文的教学进行调整。这一问题如果是一个假命题，两者之间不存在冲突，关键在于高校的管理制度宽严问题，那么后续的政策就是导向问题，而不是实质意义上的时间更换与存废的争论。另外，依托大学排行的现行系统以及学术评价尺度，对较为全面而合理的大学学术排行机构进行筛选，提炼出教学研究型与教学型高校学术变迁的边界，对这些学校的学术差异进行个案分析，了解教师本科毕业论文在时间、水平与方式上的差异研究，进而提出不同类型高校的本科毕业论文指导的侧重点。最后利用学术交流机会，对国外本科高校实践教学环节中有关本科毕业论文指导历程进行分析，对其中存在问题与经验采用比较分析的方法进行深入探讨。

参考文献

陈忠延等．土木工程专业毕业设计指南·桥梁工程分册［M］．北京：中国水利水电出版社，2000.

陈　琦，刘儒德．当代教育心理学［M］．北京：北京师范大学出版社，1997.

陈　琦，刘儒德．当代教育心理学［M］．北京：北京师范大学出版社，1997.

陈华忠．问题情景的创设［J］．内蒙古教育，2002（1）．

陈　鹰，张耀增．关于大学本科毕业论文工作的探讨［J］．华东交通大学学报，2005（12）．

蔡　翔．硕士论文选题应注意的几个问题［J］．高等工程教育研究，2004（3）．

储南玉．经济论文的答辩［J］．山西财经大学学报（高等教育版），2002（4）．

崔文凯．怎样搞好毕业论文答辩——毕业论文答辩操作研究［J］．天津成人高等学校联合学报，2002（2）．

［美］德里克．候定凯等译．回归大学之道［M］．上海：华东师范大学出版社，2008.

［美］戴维·H·乔纳森主编，郑太年．学习环境的理论基础［M］．上海：华东师范大学出版社，2002. D

［美］福斯特，卡普兰，唐锦超译．创造性破坏［M］．北京：中国人民大学出版社社，2007.

［加］范梅南，宋广文等译．生活体验研究［M］．北京：教育科学出版社，2001.

冯志刚，陈明明．“多学科交叉综合”毕业设计（论文）模式的改革与实践［J］．化工高等教育，2003（4）．

冯志刚，屈宝存，陈明明．“产学研结合”毕业设计（论文）模式的探讨与实线［J］．化工高等教育，2004（2）．

国家标准局．GB7714-1987．科学技术报告、学位论文和学术论文编写格式［S］．北京：中国标准出版社，1987.

郭长虹．值得借鉴的日本大学生毕业论文的做法［J］．教书育人，2006（5）．

郭素华，杨素芳，林珠灿．加强毕业论文答辩工作，培养学生综合能力［J］．中医药管理杂志，2006（5）．

关艳玲等．本科毕业论文（设计）工作的实践与思考［J］．高等农业教育，2001（3）．

郝　容．创新学习需要培养学生的“问题意识”［J］．陕西师范大学学报（哲学社会科学版），2007（9）．

黄甫全．关于教育研究中的问题意识［J］．华南师范大学学报（社会科学版），2003（4）．

黄福涛．外国高等教育史［M］．上海：上海教育出版社，2003.

黄　怡．本科生毕业（学士学位）论文指导、管理工作中存在的问题及对策浅析［J］．南开社会学评论，2003（1）．

黄顺基．问题、逻辑与理论创新［J］．中国人民大学学报，2004（4）．

郝　容．创新学习需要培养学生的“问题意识”［J］．陕西师范大学学报（哲学社会科学版），2007（9）．

姜孝军，辛国强．毕业论文答辩中存在的问题及对策研究［J］．吉林工程技术师范学院学报，2007（10）．

［加］马克斯·范梅南，宋广文等译．生活体验研究［M］．北京：教育科学出版社，2003.

［英］柯普宁著，王天厚等译．科学的认识论［M］．上海：华东师范大学出版社，1989.

刘宝存．大学的理念与传统［M］．北京：教育科学出版社，2004.

李正栓．英语专业本科毕业论文设计与写作指导［M］．北京：北京大学出版社，2008.

李炎清．毕业论文写作与范例［M］．厦门：厦门大学出版社，2008.

李秀信，赵鹏祥，高宝．高校毕业论文改革之我见［J］．中国林业教育，2002（6）．

李爱民．卢明德．教育科研选题策划的思路［J］．江西教育科研．2000（2）．

鲁子爱，王震等．港口航道与海岸工程专业毕业设计指南［M］．北京：中国水利水电出版社，2000.

罗　勇，文　彬．高等学校毕业论文教学环节改革研究与实践［J］．广东青年干部学院学报，2007（5）．

［美］莱斯利·P·斯特弗等著．高文译．教育中的建构主义［M］．上海：华东师范大学出版社，2002.

［美］艾尔·巴比著，邱泽奇译．社会研究方法基础［M］．北京：华夏出版社，2002.

潘　菽．意识—心理学的研究［M］．北京：商务印书馆，1998.

庞凤仙．财经院校毕业论文教学环节的改革［J］．山西财经大学学报，2002（4）．

曲有乐，高建平，张宇污．对毕业设计（论文）的指导和评价研究［J］．佳木斯大学社会科学学报，2001（10）．

唐桂英，徐　宏，孙咏梅，提高本科毕业设计（论文）质量的实践［J］．安徽工业大学学报，2004（7）．

王嘉陵．毕业论文写作与答辩［M］．成都：四川大学出版社，2003.

王成华，江爱华．对本科毕业设计工作的若干思考［J］．电气电子教学学报，2003（2）．

王鸿生．学术研究中的“问题”［J］．中国人民大学学报，2000（4）．

王鸿生．学术研究中的“问题”［J］．中国人民大学学报，2004（4）．

王源源．试论学生问题意识的培养［J］．教育理论与实践，2004（6）．

韦复生．论科研选题及基本原则［J］．广西民族学院学报（哲学社会科学版），2002（5）．

魏洪义．大学生毕业论文答辩的组织与评分［J］．高等农业教育，2000（3）．

吴　晟．高校文科学生毕业论文撰写中的几个问题——以广州大学人文学院中文系学生为考察对象［J］．广州大学学报（社会科学版），2003（9）．

徐碧美，陈静、李忠如译．追求卓越——专家知能的案例研究［M］．北京：人民教育出版社，2003.

熊华浩．科研的选题与研究方法［J］．中国成人教育，1999（6）．

袁能先．中小学教育科研选题研究［J］．西华师范大学学报（哲学社会科学版），2005（6）．

尹鸿藻，毕华林．学习能力学［M］．青岛：青岛海洋大学出版社，2000.

姚先国等．经济类学生毕业论文写作指导［M］．杭州：浙江大学出版社，2004.

曾天山．教育科研的视野与方向［M］．北京：教育科学出版社，2009.

曾天山．论教育科研的选题申报［J］．教育研究与实验，2008（3）．

周志高，刘志平．大学毕业设计（论文）写作指南［M］．北京：化学工业出版社，2007.

周新年等．毕业论文选题与分析［J］．中国林业教育，2004（3）．

周新年等．本科生学位论文答辩过程与技巧［J］．福建农林大学学报（哲学社会科学版），2008（11）．

周宜君等．关于本科教学改革中的若干问题探讨——毕业论文中的素质训练［J］．中央民族大学学报（自然科学版），2004（4）．

中华人民共和国质量技术监督局．GB/T1.1－2000. 标准化工作导则第1部分：标准的结构和编写规则［S］．北京：中国标准出版社，2000.

中国大百科全书·心理卷［M］．北京：中国大百科全书出版社，1991.

郅庭瑾．教会学生思维［M］．北京：教育科学出版社，2001.

郑金洲．问题教学［M］．福建：福建教育出版社，2005.

张建云．试析主体意识的内涵［J］．天中学刊，2002（6）．

张　蓓等．集美大学本科毕业论文质量的调查分析［J］．集美大学学报，2005（12）．

张晓天，张凤武．经济论文的答辩［J］．经济师，1999（5）．

朱秋菊．谈毕业论文的选题策略［J］．高等函授学报（哲学社会科学版），2001（6）．

朱劲松，陈　欣．如何完善大学本科毕业论文教学——基于扎根理论的研究，东北财经大学学报，2009（2）．

朱安丽，卢飞麟，王成伟．高师物理专业本科毕业论文教学模式的改革与实践［J］．西北师范大学学报（自然科学版），2002（2）．

赵建华，李训贵．提高学生毕业设计（论文）质量的思考与探索［J］．广州大学学报（社会科学版），2003（12）．

Gina Wisker，Philip Barker. Editorial. Innovations in Education and Teaching Internatioal. London：Nov 2008. Vol. 45，Iss. 4；p. 319

Glenn Haya，Else Nygren，Wilhelm Widark. Getalib and Google Scholar：a user study. Online

Information Review. Bradford: 2007. Vol. 31, Iss. 3; p. 365.

W. Richard Scott. Organizations: Rational . Natural and Open Systems (Englewood Cliffs, Nj: Prentic-Hall, 1981) . p. 83.

Porter, David H. . Teaching & Research: A Vital Mix Fof Higher Education. Black Issues in Higher Education. Sep 8, 1994. Vol. 11, Iss. 14; p. 36.

Mark A Maddix. Teaching that transfoums: Worship as the heart of Christian Education. Christian Education Joural. Glen Ellyn: Fall 2009. Vol. 6, Iss. 2; p. 411.

后 记

告别丽娃河畔，本打算偏居一寓，安心而从容地工作，畅快而舒适地生活，几年工作之后，我深深地感受到学生对教师的期待如雨后春笋节节攀高，像小河细流永不停歇，已有的知识贮备远不能满足学生的需要，传统的治学方式有些已不合时宜。这促使我不得不反思原初的设想，不得不考量未来的走向，促使我重新燃起不断求知的欲望，激起勇于探索的职业理想。尽管已进入不惑之年，我仍然选择了继续学习的道路，开启人生新的一页。

这些年来一些应景性的文章我写过不少，出了一些自认为有模有样的著作，但随着时间推移，我越发现自己学术之单薄，观念之陈旧，有时想彻底抛弃原有的研究方式，不愿再看先前随笔式的论文，甚至激动之时不愿再写文章，总想从头做起。在曾天山研究员的暗示与启发下，慢慢地我的学术激情开始燃烧，逐渐改变原有的灰色思维，不时惊喜地拾掇起知识之花，装点着学术旅程。随着论文一点点画上句号，我的思维进入到一个崭新的境界，我与这篇报告一起走向成熟。不过，心中小小的欢喜无法掩盖潜意识中的忐忑之情，深为论文中无法尽美的缺陷坐立不安，只好再请老师扶犁而行。

经过一年多的努力，在全国教育科学规划办的支持下，在老师和同事的指导下，课题:“大学毕业论文有效性研究”成果终于成形。同时，合肥工业大学出版社给予了大力帮助，我校学术著作出版专项也投入了研究经费，课题组成员刘学忠、殷世东、袁强、王艳玲老师在本材料整理、数据处理、文字修改等方面做了基础工作，在此，对上述单位、领导及同事一并表示感谢。

作 者